「好きは、興味にすぎない。
「好きを超えた所に、
教養の楽しい歓びがある。

山谷彰彦

あきひこ

この本は、
3人のために
書きました。

1
展覧会に行っても、
何がいいのかわからない人。

2
教養がなくて、
恥をかいた人。

3
何から教養の勉強をすればいいか、
わからない人。

01

プロローグ

面接の「好きなものは」は、「好きな芸術」を聞かれている。教養がないと、採用されない。

教養を試される場面は、日常の中にたくさんあります。

1つは、面接の時です。

「何か趣味はありますか」という質問をされるのです。

この時によく「私は日向ぼっこが趣味です」と答える人がいます。

ここで聞かれているのは、

「クラシック音楽は何が好きなのか」ということです。

「オペラは何が好きなのか」

「歌舞伎は何が好きなのか」

「美術は何が好きなのか」

という芸術に関することです。

「ヒマな時に何をしたいか」と聞いているわけではありません。

この就活における質問の意味を勘違いしないことです。

ほとんどの人が「アニメソングが好きです」とか、娯楽系のことを言います。


「娯楽」と「芸術」は違います。

娯楽とは、自分のストレスを発散するためにすることです。

芸術とは、自分の精神を高めるためにすることです。

ムシャクシャしてするのは娯楽です。

自分を磨くためにするのが芸術です。

イライラしている時に書を書いたり、お茶を入れて飲むことによって崩れた精神のバランスをもう1回集中するのが教養です。

うさ晴らしにするのは娯楽です。
教養のある人になるためには、話せる芸術を持つことが大切なのです。

大人の教養を身につける具体例

01

話せる芸術を持とう。

なぜあの人は「教養」があるのか。

大人の教養を身につける53の具体例

大人の教養を身につける53の具体例

01 話せる芸術を持とう。
02 好き嫌いなしに、学ぼう。
03 「厳しさ」の覚悟を持とう。
04 「厳しさ」を乗り越えよう。
05 教養がないことに気づこう。
06 習いごとをして、趣味人になろう。
07 家庭教育の遅れを、自分で取り戻そう。
08 教養をつける勉強をしよう。
09 教養で、リーダーになろう。
10 上質な便箋を使おう。
11 技術より、基本を学ぼう。

12 芸を盗める基本を身につけよう。
13 基本を学ぶ楽しみに気づこう。
14 楽しむために、勉強しよう。
15 感性より、理論を学ぼう。
16 先生を自分で見つけよう。
17 美術史・時代背景・作者の人生を学ぼう。
18 約束事を学ぼう。
19 根っこが同じと気づくために、学ぼう。
20 すべての芸術を学ぼう。
21 一流の芸術を見よう。
22 ヤル気より、本気になろう。
23 生活の一部にしよう。
24 わかるかどうかは、自己責任と覚悟しよう。
25 「わかりにくいもの」に挑もう。

26 家の中に、絵を飾ろう。
27 子どもに勉強させる前に、親が教養を身につけよう。
28 季節行事を大事にしよう。
29 教養の家庭教師をつけよう。
30 神社仏閣にお詣りしよう。
31 崇高なものに、畏怖の念を持とう。
32 中国古典を勉強しよう。
33 芸術の素養を身につけよう。
34 旅行をしたら、買い物より勉強と体験をしよう。
35 漢和辞典を手元に置こう。
36 ナマの体験を増やそう。
37 モノの名前を知ろう。
38 外国語のつもりで、日本語を学ぼう。
39 一から勉強しよう。

40 教養のなさがバレていることに気づこう。
41 教養の話のない人と、次回、会わない。
42 教養が身につく勉強と体験をしよう。
43 ジャンルの違う一流の人から学ぼう。
44 教養で、メンタル力をつけよう。
45 歴史風土から受け継いでいるＤＮＡに気づこう。
46 枯れた花にも、美を感じよう。
47 イタリア料理を味わうには、教会に行こう。
48 言葉にできないものを、味わおう。
49 教養で、謙虚になろう。
50 教養で、競争をやめよう。
51 すべてのものに、美を感じよう。
52 一輪挿しの花を飾った人と出会おう。
53 教養で、生きる希望を持とう。

なぜあの人は「教養」があるのか。　目次

Chapter 2
勉強しないと、芸術は楽しめない。

Chapter 3
「わかりやすい」に流されると、成長しない。

Chapter 4
言葉のレベルで、教養の差がつく。

Chapter 5 教養とは、日常のものに美を感じる心だ。

Chapter 1

教養がないと、一流になれない。

02

趣味は、好きなところだけ。教養は、好き嫌いなく全体。

「趣味」と「教養」とは違います。

趣味は、「好き」で成り立っています。

教養は、「好き」を超越しています。

「〇〇は好き」という趣味はすべての人にあります。

それだけでは教養とは言えません。

絵の世界で「モネが好き」「ルノワールが好き」と言う人はたくさんいます。

だからといって西洋絵画の教養があるとは言えないわけです。

それは興味であり、趣味の世界です。

好き嫌いは関係なしに、体系的に学んでいることを「教養」と言うのです。

だからこそ大変なのです。

私は、早稲田大学の文学部演劇科で映画史を専攻していました。

山本喜久男先生の映画の授業に、第1回目は700人が聴講しました。

文学部以外、他学部も聴講できます。

2回目の授業で30人に減ります。

エントリーした学生が「思っていたのと違う」と、みんな捨てるのです。

最初は、『スター・ウォーズ』を見て単位が取れるなら、こんな楽勝はないと思ってみんな来たわけです。

実際に授業で扱うのは理論です。

1895年、映画の誕生から始まって、前期の終わりが1927年のトーキー登場です。

後期で、やっと戦前までです。

そうすると、「自分は映画が好きだから」という趣味的に来た人間は、「これは皆目歯が立たない」と思って単位をとるのを諦めます。

結局、演劇科の学生30人だけが残るのです。

これが、「映画が好きで、たくさん見ている」という人間と、演劇科で映画を専攻する人間との違いです。

教養を勉強する時は、好き嫌い関係なしに古いところから学びます。

教養の勝負は古い作品になります。新しい映画は誰もが見ています。

日本だけではなく世界各国の映画も勉強しないと、教養として勉強したとは言えません。日本映画だけを勉強する人は、展覧会に1回行って「若冲《じゃくちゅう》が好き」と言っているのと同じです。

好きなジャンルが1つあっても、それは単なる興味であり教養とは言えないのです。

大人の教養を身につける具体例

02 好き嫌いなしに、学ぼう。

03 お客様には、簡単さを教える。師匠は弟子に、厳しさを教える。

学び方には、A・B・Cの3段階があります。
Aランクは、一流人と一流人が、「深さ」を学び合います。
Bランクは、師匠が弟子に「厳しさ」を教えます。
Cランクは、お客様に、「楽しさ」を教えます。
世の中にある教室は、ほぼCランクです。
剣道でたとえるなら、Cランクは、竹刀で教えます。
Bランクは、日本刀で教えます。
Aランクは、小枝で教えます。

Aランクは、剣道の授業でも、会話で教えることができます。

習いごとをしているからといって、即、教養があるとは言えないのです。

Cランクがあるからです。

「この世界は厳しいんだよ」と教わるBランクからが教養です。

BランクとCランクの境目が大きいです。

たとえば、ピアノの教室では、小学校の高学年が最後の分かれ目になります。

「おたくのお子さんはこの先どうしますか。プロにするならプロの教え方、趣味にするなら趣味の教え方をします。それを決めましょう」という相談会があります。

この時に、親御さんが「プロにしたい」と言っても、先生に「いや、おたくのお子さんは趣味にされた方が幸せだと思います」と言われる場合があります。

才能の問題があるからです。

それは先生が判断して、BランクとCランクに分けます。

剣道で言うと、竹刀で教えるCランクの下もあります。

おもちゃの刀、いわゆる竹光を使う教え方です。

世の中に圧倒的にCランクの教室が多いのは、「楽しさ」を知りたくて勉強している人が多いからです。

そういう人は、少しでも厳しそうだと長く続きません。

生活のため、生徒がいなくなると困るので、先生もCランクの授業をしてしまうのです。

需要と供給の関係です。

厳しさを教えると生徒がいなくなってしまうので、先生は食べていけなくなります。

Bランクの授業をしている先生と、そのお弟子さんはごく一握りです。

圧倒的に多いCランクのお客様に対して、Cランクのサービスマンとして楽しませる先生がいるわけです。

それで世の中の経済は成り立っています。

「厳しさ」を学ぶBランク以上が教養なのです。

大人の教養を身につける具体例

03

「厳しさ」の覚悟を持とう。

04

教養とは、厳しさを学ぶことだ。

京都は教養で成り立っています。

ここでいう京都とは、京都の御所から歩いて10分以内の洛中のみです。

この町においてCランク（楽しい）の学び方はありません。

Cランクを体験させてからBランク（厳しい）へ上げていこうとする教室がよくあります。

Cランクでキッカケをつくっても、Bランクに上がれません。

CランクとBランクの間には深く大きな川があるからです。

厳しすぎるのです。

たとえば、ロシアのバレエスクールは、最初からBランクです。
子どもが文句を言う前に、10歳で厳しさへ放り込んでしまいます。
それで慣れてしまうのです。
私が習っているボールルームダンスの世界も、ロシアの先生は厳しいです。
きれいな顔をして、ニコリとも笑ってくれません。
自分たちが子どもの時に厳しく教わって、それが正しいとわかっているからです。
先生は、厳しさを教えるBランクの教え方をします。
Cランクのサービスは1つもしてくれないのです。

京都では、着物のレンタルサービスがあります。
たくさんの観光客が、なんちゃって着物を着て楽しんでいます。
あれは、厳密には京都の外の周辺地域でしていることです。
京都特有の観光客をおちょくっているサービスでもあります。
京都人のいちびりとして着物のレンタルをしているのです。

喜んでくれるからと、教養がないと日本人も外国人と同じ扱いを受けています。

実際は、なんちゃって刀と同じで、「これで気分を味わってもらえばいいでしょう」としているサービスなのです。

それは、御所から歩いて10分の範囲にはありません。

そこに住んでいる人は、平安時代から引っ越していません。

全員同業者で、親戚です。

職人の町は、分業なので一人でも抜けると工芸品ができなくなるので引っ越せないのです。

京都御所がある洛中は、平安時代の文化がそのまま残っています。


Cランク以下の竹光で学ぶことを「観光」と言います。

Cランクで学ぶ人を「観光客」と言います。

教養は、Bランク以上です。

「楽しい」「好き」というレベルではなく、ひたすら「厳しい」です。

「厳しい」を乗り越えないと、「深い」世界には入っていけません。
Cランクから Bランクへ上がる時には、覚悟が求められるのです。

大人の教養を身につける具体例

04

「厳しさ」を乗り越えよう。

05

学校の勉強ができても、教養があるとは言えない。

京都のあるお師匠さんが「最近の生徒さんは、学校の勉強はできはるんですけどねえ……」と嘆いていました。

この下の句は「教養がない」と言いたいのです。

「学校の勉強」と「教養」は違います。

学校の勉強は、義務教育から6年・3年・3年のたった12年間に、大学で教養の勉強をする前段階の知識のテストがあるだけです。

そこで、茶器を見せられてわかるかどうかというテストはありません。

「教養を勉強できる準備はありますか」というテストは、必然的に知識のテストになるのです。
知識がいくら積み重なっても、教養にはなりません。
知識とは、断片のデータの積み重ねです。
教養とは、全体を把握した世界観です。
もちろん知識がないと世界観はとらえられません。
世界観までいかなければ、教養には至りません。
もう1つ、教養で大切なことは、圧倒的な体験量です。
体系的な知識と同様に、圧倒的な体験が必要なのです。
体験とは、一流の作品にどれだけナマで触れてきているかということなのです。

大人の教養を身につける具体例
05
教養がないことに気づこう。

06

教養の差は、家庭教育で決まる。

教養のある人とない人は、家庭環境で差がつきます。

「勉強させるために、子どもの時から美術館に連れて行っています」と言う人がいます。

教養のある家は、自宅がもはや美術館です。

美術館の中に住んでいるのです。

京都の人は個人蔵の作品を博物館に出します。

そのため、美術館に見に行く必要はありません。

そういう作品は京都以外の人たちが見に行くのです。

私の実家は染物屋なので、家の中に染物の型や見本帳など、現物に囲まれて育ちました。

染色の展覧会が家で毎日開かれていたのです。

染物屋としてのつきあいで、私は子どもの時から父親のライトバンの助手席に乗せられて、織屋さんのところへ行っていました。

織屋さんのガッチャンガッチャンと織る作業も見ています。

泉州という町は、繊維業界で成り立っています。

職人は、趣味人です。

子どもの時から習いごとが当たり前にあるのです。

習いごとの中に学習塾は入りません。

「今日、終わったら塾があるから」と言うのは、学習塾以外の習いごとです。

「学習塾に行っているヒマがあるなら、何か習いごとをしなさい」という風土があるのです。

家の中でも、家人が絵を描いていたり、文化的なやりとりがあります。

私の父親は油絵を描いていたので、私の遊び場は父親のアトリエでした。

父親がいろいろな名画を模写しているところも見ていました。

父親の本棚には、東郷青児さんが編集長をしていた『別冊アトリエ』がびっしり並んでいました。

子ども心に読むエッチな本は『別冊アトリエ』でした。

そこに載っているヌードモデルの写真を見ていたからです。

私は、父親が描いたヌードの絵が家中に飾ってあり、テレピン油の匂いがするという環境の中で育ったのです。

近所にも画学校がたくさんあり、通っている子どもがたくさんいました。

私は、父親が絵の先生なので行く必要はありませんでした。

小学校は、担任の先生1人でオールラウンドの授業をします。

先生は、絵を習っている子どもかどうか、ひと目でわかります。

私の行っていた小学校は絵心のある先生が多く、それぞれの生徒に合わせた対応をしていました。

私の担任の先生は絵心がありました。

先生も私のことを、「この子はお父さんに習っている人」と、わかっていました。

普通、子どもは水彩絵の具で描きます。

私は父親に買ってもらった水彩と油絵の中間の絵の具で描いていたので、まったくタッチが違うわけです。

子どものころに身につく教養は、家庭環境の差が圧倒的に大きいのです。

大人の教養を身につける具体例

06

習いごとをして、趣味人になろう。

07

ホンモノを通して、教養が身につく。

ヨーロッパの貴族の家に置かれている名画は、レプリカではなくホンモノです。

「ベルニーニはローマのために生まれ、ローマはベルニーニのためにつくられた」という有名な言葉があります。

ローマの町の中にある噴水や彫刻は、ほとんどベルニーニがつくったものです。

貴族の家の庭にはベルニーニの本物の彫刻も置かれています。

当然、盗まれることがあります。

家族が旅行に行っている間、土台から切り取って、重機で運び出されるのです。

盗まれた彫刻は盗品市場をめぐりめぐって、元の持ち主である貴族の家に売りに来られます。

貴族はそれを買い戻して、また庭に置くのです。

盗まれることを覚悟で庭に置いているのです。

家人は、家の財産である作品は盗まれても必ず買い戻します。

そういう費用も込みで作品を持ち続けています。

食卓のまわりにも「オールドマスター」と言われるホンモノの名画が飾ってあるのです。

子どもが落書きをすることはなくても、ごはんを食べていると食べ物のソースが飛ぶことは起こりえます。

だからといって、レプリカを置くことは恥なのです。

見る人が見れば、レプリカとわかるからです。

毎日ホンモノを見て育っている人と、展覧会がある時に並んで見ているだけの人とでは、圧倒的な違いがあります。

「結局、教養は育ちだ」となると、身もふたもない話になります。

ただし、**家庭環境を逆転することはできます。**

大人になって、いいところの家の人が子どもの時から鍛えられている勉強のチャンスを自分自身に与えればいいのです。

単に展覧会に行っているだけでは追いつかないのです。

そのためには、今までのハンディキャップをキャッチアップするという覚悟を持つことです。

大人の教養を身につける具体例

07 家庭教育の遅れを、自分で取り戻そう。

08 教養がないと、一流になれない。

世界では、お金を儲けたり、出世して得た地位と名誉では一流になれません。

一流に必要なものは、教養です。

一流には「エクスクルーシブ（排他的）」という表現があります。

フランス人は、一流の芸術家と友達でない政治家は選挙で当選しません。

「あいつ、政治の仕事はできるけど、ちょっと教養がね」と言われて、リスペクトを集められないのです。

そのため、フランスの政治家は一流の芸術家と親交があることをアピールします。

これは、ヨーロッパにコンプレックスを持っているアメリカでもあります。

預金残高や肩書ではなく、教養の有無が一流と二流の境目になります。

明治時代の日本には、ありました。

明治の大名が華族になる華族制度があったからです。

戦後は、ＧＨＱによって華族が解体され、アメリカナイズされたフラットな形になりました。

「お金と肩書がつけば一流だよ」というアメリカンコンプレックスの形を信じこまされました。

それによって、教養は趣味とあまり変わらない世界になってしまいました。

ヨーロッパでは、ファイブスターの一流ホテルのいい部屋で、いいホスピタリティーを受けようと思っても、教養がないと受けられません。

ワインの話１つにしても、教養がないとできません。

一流の教養をつけるには、一流になるための教養の勉強をすればいいのです。

子どもの時から何もしないで教養がつくことはありません。

教養のある人は、時間をかけて教養をつけるための勉強をしています。

それだけのことです。

『○時間で教養が身につく本』に飛びつく人は、教養のない人です。

教養をなめないことです。

短期間で教養をつけようとする人は、レンタルのピロピロ着物を着て、なんとなく舞妓ちゃん気分を味わって笑われている観光客と同じなのです。

大人の教養を身につける具体例

08

教養をつける勉強をしよう。

09

一流の革命家もIT経営者も、教養を身につけている。

世の中には、教養と一見かけ離れた存在がいます。

チェ・ゲバラは革命家です。

チェ・ゲバラはジャングルで革命闘争をしている間、奥さんに「本を送ってくれ」と頼みました。

本人はジャングルでゲリラ活動をしている最中です。

その本は教養書ばかりでした。

アイスキュロス「悲劇」、クセノフォン「ギリシャ史」、プラトン「国家」、解析幾何学の演習、シェイクスピア全集などです。

数学・自然科学・人文科学・社会科学など、オールジャンルです。

チェ・ゲバラは、ベレー帽をかぶってひげを伸ばしていました。

一見、その風貌からすると、戦い方の本を頼みそうです。

百歩譲って『孫子の兵法』あたりかな」という想像になります。

実際は、とんでもない教養書を読んでいたのです。

ＩＴ経営者はよくＴシャツを着ているので、一見、教養とはかけ離れているように感じます。

マーク・ザッカーバーグは、自分が読んだ本の中で「今年の本」として選ぶのは教養書ばかりです。

「歴史序説」、「国家はなぜ衰退するのか」、「サピエンス全史」、「宗教的経験の諸相」「無限の始まり」など。

私が塾生に「マーク・ザッカーバーグはこういう本を読んでいるよ。起業したいんでしょ」と見せると、早速、図書館で借りてきました。

全部、図書館にある本です。

その塾生は、「23冊のリストの1冊目を読み終える前に死ぬと思います。おかげでほかの本を1冊も読めなくなりました」と言っていました。

1ページ読むのに時間がかかるのです。

ふだん、それほどかたい本を読んでいないからです。

1冊目の本は1冊で終わりではなく、全4巻です。

マーク・ザッカーバーグにそんなイメージはまったくありません。

実際は、スティーブ・ジョブズにしてもみんな教養書を読んでいます。

IT経営者は、日常的にITを使っていないということです。

IT技術を編み出すために教養を身につけているのです。

リーダーになれるかどうかは、教養が分かれ目になるのです。

大人の教養を身につける具体例

09

教養で、リーダーになろう。

10 信長は、高級美濃和紙で書状を送る教養人だった。使う便箋でその人の教養がわかる。

信長は、ひょうたんをぶら下げて、ラフな格好で馬を乗り回しているイメージがあります。

それは、江戸時代に徳川政権が面白おかしく脚色しているイメージです。

実際はそんなことは決してありません。

それが証明されるのは、信長が、義理の父である斎藤道三の岐阜城に入って、一番最初に押さえた産業は美濃和紙だったことです。

川沿いに巨大な倉庫をつくりました。

美濃和紙は、当時の日本の最高級の和紙です。

もちろん、これがビジネスになるのはわかります。

信長が本当にしたかったのは、いかにして戦わないで勝つかということだったのです。

戦わないで勝つには、「ウワ、こいつ、とんでもないヤツだから、戦ったら勝てない」と、相手にいかに思わせるかが勝負です。

そのために、信長は美濃和紙に書いた書状を送りました。

もらった側は、それを見て「こんな高級な紙は見たことがない」と、ひれ伏すわけです。

朝廷に送る手紙も美濃和紙を使います。

朝廷やお公家たちはモノのいい・悪いをよく知っています。

そうすると、「やっとちゃんとしたヤツが出てきた」と、とらえるわけです。

書状を美濃和紙で送るというセンスが教養です。

戦いに強いだけでは、戦国乱世はおさまらなかったのです。

現代でも、便箋によって、教養のある経営者とない経営者とに分かれます。

教養のない経営者は、コピー用紙で、秘書にプリントアウトさせた手紙に、最後に名前だけサインして平気で送ります。

これで教養のなさがバレます。

教養のある経営者は、きちんとした高級便箋で送ります。

この差なのです。

メールではありません。

もっとひどい人になると、茶封筒でお礼状が届きます。

これはケンカを売っているようなものです。

「月謝袋じゃない？」という茶封筒や、会社の事務用の封筒で大切な書状をそのまま送ってしまうのはＮＧです。

事務連絡ならいいのです。

手紙に便箋があるのは、便箋のクオリティーが相手をどう評価しているかのクオリティーと連動するからです。

「百均で売られている封筒で送られてきちゃった。自分はその程度の評価なんだ」という解釈になるわけです。

京都で便箋や封筒が高額なものまでたくさん売られているのは、それだけ教養を大切にしているという意味があるのです。

大人の教養を身につける具体例

10

上質な便箋を使おう。

Chapter 2

勉強しないと、芸術は楽しめない。

11

教養は、技術からではなく、基本から生まれる。

教養の厳しさは、基本を勉強しなければならないことです。

あらゆるものに「基本」と「技術」があります。

お客様を楽しませるための習いごとは、技術を教えます。

ダンスにおいての基本はバランスです。

それに対して、技術とはステップです。

「ステップを教えてください」「ワルツですか、タンゴですか」と言う人は、技術を教わろうとしています。

私は、ダンスを始めて14年目で花岡浩司先生に出会いました。

その時、「こんなダンスを僕は教わりたかった」「こんな教え方に出会いたかった」と、うれしかったです。

私はそのために14年間ずっと試行錯誤をしていたのです。

それから花岡先生に18年習っていますが、基本しか練習していません。

それが楽しいのです。

「もし中谷さんが踊りたいダンスがあったら、どんなダンスでも10分でできるようにする」という基本が入っているからです。

一流の花岡先生のところに「うちの子どもはダンスをしているんですが、ちょっと見てもらえませんか」と来る人がたくさんいます。

中には「趣味でされた方がいいです」と判断をされることがあります。

それまで「自己流」で練習してきた人は「基本」が入っていないのです。

私は、花岡先生に最初に出会った時に「目標を何にしましょう」と聞かれて、「踊る前に、この人はちゃんとした先生に習った人だということがわかるようになりたい。そのためにとりあえず週2で10年通います」と言いました。

踊る前に「きちんとした先生に習った人だ」とわかるのが基本の学び方です。

プロは基本を見るのです。

世界トップのコンペティションは、基本の勝負だけです。

基本は、一流の人にしか見えないのです。

二流から見ると、技術しか見えません。

自己流で練習する人は、見える技術だけをマネします。

基本をマネしないで技術がつくと、いやらしいものになります。

その結果、伸びないのです。

たとえ「20年ダンスしています」と言っても、技術だけをマネしている人は基本がゼロです。

シロウトから見ると、「ワァ、凄い」と思われても、プロから見ると「なんで20年をムダにしたのかな。気の毒に」と思われます。

それだけ技術より基本が大切なのです。

基本はきわめて地道で、日々の積み重ねをコツコツして、無味乾燥で、他者承認が得られない世界です。

先生からは基本の勉強をしていることがわかりますが、二流からは「何しているんだろう」とわからない世界になります。

情報化社会で他者承認を優先する社会においては、ますます教養という世界が理解できない世界になっています。

底辺から離れた、星のようなところに教養の世界があります。ピラミッドの世界ではないのです。

技術をどんなにたくさん積み重ねても、基本は入りません。

教養の世界は、基本でどんどん入っていくだけです。

技術の世界と基本の世界はまったく別個にあります。

人間と人間でぶつかり合わないと伝わらないのが、教養の世界なのです。

大人の教養を身につける具体例 11

技術より、基本を学ぼう。

12

基本がないと、芸は盗めない。

芸人の世界では「芸を盗め」と、よく言います。

仕事でも、同じことを言う人がいます。

「芸を盗め」は乱暴な言い方で、誤解のある表現です。

芸は、基本がないと盗めません。

芸の技術は、盗めます。

表面の技術だけをマネすると、品のないものになります。

着物を着た時の歩き方ができない人が、着物を着て歩いていると着崩れて、みっともないものになります。

京都の舞妓ちゃんなりきりツアーでは、舞妓さんのメイクをしてもらい、舞妓さんの着物を着て、かんざしを差して町を歩くと、ほかの観光客に「写真を撮らせてください」と声をかけられます。

観光客はホンモノの舞妓さんがわからないからです。

本人は、舞妓さんに間違えられたと思って喜びます。

地元の人は「あれあれ」と思うわけです。

レンタルの着物を着て歩いている人と、それを舞妓さんだと思って撮る人はどちらも変なのです。

京都は独特な町で、14歳で花街の世界に入ります。

女紅場《にょこうば》で、日舞、しきたり、挨拶の仕方、立ち居ふるまい、雅楽の楽器を徹底的に練習させられます。

15歳からは仕事に出ます。

特区なので、夜遅い仕事でもＯＫです。

労働基準法どころの騒ぎではありません。

女紅場の厳しさは、はんぱではありません。

そこで、立ち居ふるまいや言葉遣い、しぐさなど、必要なことはすべてドSの先生からスパルタで教わります。

そのおかげで着物を着た時の美しいふるまいができるわけです。

舞妓さんは長い振袖を着て、ワイングラスを1つも倒しません。

それは女紅場で細やかな所作を教わっているからです。

教養があるかどうかは、見る人が見ればわかります。

教養のある人からの評価を基準にするのが「教養」です。

教養のない人は、教養のない人からの「いいね」を集めようとします。

教養のない人には知ったかぶりが通じます。

教養のある人には、知ったかぶりはまったく通用しないのです。

大人の教養を身につける具体例

⑫

芸を盗める基本を身につけよう。

13 技術を教える先生より、基本を教える先生から学ぶ。

自分が今行っている習いごとが教養になるかどうかの見きわめは簡単です。

「技術」を教えている先生か、「基本」を教えている先生かで判断できます。

技術を教える先生を見きわめる方法は、習いごとが短期間で終わるかどうかです。

究極、6回コースのようなものです。

「何回習いに来たら踊れるようになりますか」と言う生徒さんは、技術を習いに来ています。

基本は「何回で学べる」というものではありません。

50年踊っている先生が、「まだダンスがわからない」と言うのがダンスの世界です。

これが基本なのです。

外国人のダンサーに「中谷さんは、なんでコンペに出ないんですか？」と聞かれた時、「僕にとってダンスは武道なのです」と私は答えました。

武道とは、無限の極みへ進む道です。

敵に勝つことを目指すコンペには意味がないのです。

私のモチベーションは、『バガボンド』で宮本武蔵が高みへ向かうように、己《おのれ》との戦いをしていく武道の世界です。

これが基本の戦いです。

生徒がコロコロかわったり、何回コースで長期間続かない教室は、技術を教えています。

プリントを配る教室も同じです。

プリントでは、基本を表現できないのです。

大人の教養を身につける具体例

13 基本を学ぶ楽しみに気づこう。

14

勉強しないと、芸術は楽しめない。

「展覧会は、事前に勉強して行った方がいいですか。なんの勉強もしないでまっさらの状態で行った方がいいですか」と聞く人がいます。

学校教育において芸術を楽しむ時は、「まっさらの状態で、先入観なく見た方がいいよ」と教えます。

これで展覧会に行くと、作品の前を素通りするのです。

勉強しないと、芸術は面白くありません。

芸術にはさまざまな約束事があるので、広範囲の知識が求められます。

芸術を楽しみたいと思うなら、勉強することです。

芸術が面白くない人は、勉強していないからです。

たしかに、勉強は苦しいです。

実際は、苦しくても地道な基本を勉強した方が、そのことがより面白くなります。

自由に見ることは不自由さにつながります。

勉強するから、自由になれるのです。

開催されている展覧会について、私が授業で解説すると、「先生、それを先に言ってくださいよ。その絵があったのはうっすら覚えているけど、通り過ぎた」と、塾生が言いました。

私は、それに対して「聞いたら、また行けばいいじゃない」とアドバイスしました。

作品の意味を勉強していないから通り過ぎるのです。

スポーツも、ルールを知らなければ、何が楽しいかわからなくて「つまらない」と言います。

勉強すればするほど、そのものの深味がわかるのです。

なんでも「にわかファン」がいます。

ラグビーが流行ればラグビーに行き、サッカーが流行ればサッカーに行き、フィギュアが流行ればフィギュアに行くという人は、その物事自体をわかっているのではありません。

ただ流行っているジャンルの人間をアイドル的に好きなだけなので、今のブームが終わると次のブームへ移ります。

それは、決して楽しんでいるわけではないのです。

ブームに合わせて移っていく人は、自分が知らない選手を楽しめません。

自分のひいきの選手が「今日、調子悪い」という時も、まったくわかりません。

ブームになったジャンルには、ひいき筋がつきます。

プロではなく、シロウトが見てワアッと盛り上げるジャンルは、教養にならないのです。

甘いからです。

そのファンの甘さが、演じ手の甘さになってくるのです。

ドラマで死神博士を演じていた俳優の天本英世さんは、フラメンコが好きで勉強されていました。

ある有名なフラメンコダンサーが日本に来た時、客席の後ろに座っていた天本英世さんは「カネ返せ。日本人にはわからないと思って手を抜くな、コラーッ！」と叫びました。

天本さんは、ホンモノのフラメンコダンスがわかっていたからです。

来日したダンサーは、日本人はどうせわからないからと、手を抜いて踊っていたのです。

まわりのダンサーは2軍が来ていました。

有名なダンサー本人が適当に踊っても、見ている人たちは拍手をしていました。

天本さんのように、「これはダメ」という厳しい目を持っている人は海外にもいます。

演じ手は、どんな時も気を緩めることはできないのです。

14 楽しむために、勉強しよう。

15 理論がないと、感性は磨けない。生け花は、感性ではなく、理論だ。

芸術と言うと、「感性」という言葉がよく出てきます。

「自分はどうも感性が鈍くて」と言う人の方が芸術を大体理解できているのです。

「私は理論は苦手だけど、右脳型人間なので感性は自信がある」と言う人は、芸術を一番理解できません。

その人は「文系が好きなのではなく、数学ができないから文系に行った」という程度にすぎないのです。

私の高校の友達で、現役東大、現役司法試験に通った男は「オレは感性がない」と、ずっと言っていました。

「感性がないので、論説文はわかるけど小説はわからない」「小説を試験に出すのはおかしい。感じ方が違うはずだから」と言う彼の感性の方がはるかに豊かでした。

たとえば、「生け花は感性だ」という思い込みは間違いです。

生け花は、設計図があります。

1ミリの誤差も許されません。

建築物は、構造体として強さを計算された設計図をもとにつくられることは誰でもわかります。

それに比べて、生け花が同じように理論的に構築された設計図があることを知る人は多くありません。

生け花には理論があるのです。

日本画を勉強する人は、15歳で塾に入ります。

京都には画塾があります。

画塾で、「のびのび描いてよろしい」と自由に描かせるのはお遊戯の世界です。

日本画の世界に入ると、15歳で一番最初にするのは、中国の理論書を写して勉強することです。

いきなり絵は描きません。

まず理論の勉強をします。

その次に、運筆です。

ひたすら横棒と縦棒を書いて、筆の運びを練習します。

それを何年もした後、今度は先生が描いてくれたお手本を模写します。

写生もなければ、自由に描くこともないのです。

室町時代の狩野派の時代から400年以上、これを連綿と続けているわけです。

日本画の世界では、「天才というものは存在しない」と言われています。

日本画は、理論だからです。

日本画家は理論の継承者だからです。

いかに画風を劣化させないで継承していくかということの方が大切です。

「感性」や「自由に」という発想は、教養の世界では笑われます。

「それを見る感性がないんですよ」「この絵のよさがわからない」と言う人は、感性

ではなく、理論がないのです。

「自分は理系で、こういうのはちょっと縁がないんだよね」と思っている人の方が、芸術を理解できます。

「自分は右脳型」と言う人は、一番教養がありません。

芸術は、理論にこそ基本があるのです。

大人の教養を身につける具体例 15

感性より、理論を学ぼう。

16

芸術の基本は、先生から学ぶ。

レオナルド・ダ・ヴィンチは、「万能の天才」「天才肌」というイメージがあります。
ダ・ヴィンチは私生児として生まれたダ・ヴィンチ村のレオナルドです。
そのコンプレックスがあるため、正規の教育を受けませんでした。
ダ・ヴィンチは、工房に入って師匠の修業を受けます。
その中で徹底的に理論を勉強しました。
それで、たくさんのノートが残っているのです。
それは正規の教育を受ける家に生まれなかったということの裏返しです。
根性の人で、理論を勉強し、みずからの手でキャッチアップして頑張ったのです。

レオナルド・ダ・ヴィンチのウィトルウィウスの人体図は有名です。

ウィトルウィウスの人体図は、多くの人が様々なパターンで描いています。うさんくさい健康食品の広告にまで載っている、円と正方形で描いたあの図は、みんながなんとなくその健康食品は健康的だと錯覚するぐらい説得力があります。

ウィトルウィウスは、古代ローマの建築家です。

ウィトルウィウスが書いた建築の本の第3巻に、〝神殿は、人体が心地いい状態にあるもので、人体比率を建築の比率に置きかえると、そこは聖なる空間になる〟という建築論が出てきます。

きわめてセオリーです。

ダ・ヴィンチは、それだけではなく、解剖学から宇宙論から、すべてを学んで絵を描いています。

その結果として『モナ・リザ』に至っているのです。

一方のミケランジェロは、ブオナローティ家という貴族の生まれです。

子どもの時から芸術の中でずっと生活をして、教育を受けていました。

ミケランジェロの方が正規なのです。

ミケランジェロは、貴族の家に生まれた不良です。

貴族の家には芸術的な不良が生まれます。

ふつうは貴族の家から芸術家は生まれないのです。

貴族だからといって芸術作品をつくらせても、必ずいいものができるとは限りません。

その中で生まれた名家の不良は、基礎的な理論が子どもの時から徹底的に入っている人です。

芸術家には、ダ・ヴィンチとミケランジェロのような2通りがあるのです。

貧しくて自分で理論を徹底的に勉強する人もいます。

「独学」という言葉が危ないのは、技術を学んでしまう独学は失敗することです。

基本を徹底的に学んだ独学はまだ悪くありません。

ただし、基本の勉強は自力では無理です。

先生につくことで大切な基本を学ぶことができるのです。

先生なしで勉強することが、独学ではありません。
先生を自分で見つけるのが、独学なのです。

大人の教養を身につける具体例

16

先生を自分で見つけよう。

17

美術史・時代背景・作者の人生がわからないと、絵が味わえない。

駅に詳しくても、そこに行くことはできません。

路線図を知ることが、教養を身につけることです。


代表作だけを見ても、画家の本質はわかりません。

19世紀後半の美術の特徴は、物語性の排除です。

たとえば、セザンヌの明るい絵には物語性がないことが、それまでの印象派の絵画との大きな分かれ目になっています。

エクス・アン・プロヴァンスの田舎からパリへ出てきたころのセザンヌは、とにかく売れなくて鬱屈していました。

セザンヌと一緒にパリに出てきたエミール・ゾラは親友です。

セザンヌは、もともとエクス・アン・プロヴァンスの帽子屋の息子です。

帽子屋のお父さんは才覚でのし上がり、金貸しの銀行業を始めました。

ひと言で言えば成金です。

成金は、貴族が通ういい学校に子どもを入れます。

貴族はもともと地主です。

商売をしていません。

土地の賃料だけで食べていける人たちです。

そのお坊ちゃん学校に入れられた成金の息子は、いじめられます。

セザンヌは、「あいつのところ、帽子屋だろう」「帽子屋、帽子屋」と言われて、浮いてしまいました。

そこでセザンヌと仲よくなった友達がエミール・ゾラです。

貧乏になった貴族のゾラも、学校の中で浮いていました。

ゾラは、「将来、自分は小説家になる」と言っていました。

セザンヌは、お父さんに「おまえは銀行の家業を継ぐんだから、法学部へ行け。法律を勉強しろ」と言われていました。

お父さんの言うことを聞こうすると、ゾラに「おまえ、画家になりたいのにお父さんの言いなりになっている腰抜けだな。一緒にパリに行こうぜ」と言われて、パリに行くわけです。

パリに行っても、セザンヌは家から仕送りをもらっていました。

お父さんの言いつけを破って画家になったのに、仕送りをもらっている情けない男です。

セザンヌは、好きな女性ともうまくいきませんでした。

そんな生活の中で、絵のモデルとして雇った女性を妊娠させてしまったのです。

ゾラは、セザンヌを「親から仕送りしてもらっている情けない男」という登場人物にして、リアル小説を書きました。

その小説は、いきなり売れてベストセラーになりました。

「それはないだろう。だって、完全に自分の情けないところじゃん」と、セザンヌの人生はどん底です。

ゾラとはこれで絶交するわけです。

その時代に描いている絵が『殺人』という絵です。

真っ暗な背景の作品で、誰が見てもセザンヌの絵とは思えません。

セザンヌにも、やけのやんぱち感のような時代があったのです。

子どもの時から、みんなが知っているリンゴやサント・ヴィクトワール山などの明るい絵ばかりを描いていたわけではなく、やっと奥さんと出会って、子どもができ、家族ができて、描く絵がガラッと変わりました。

暗い絵があった後の明るい絵です。

画家1人の人生の中でも紆余曲折があります。

そういう背景を知った上で、その絵を見るから味わえるのです。

産業革命以降のこの時代は、貧富の差が激しくなり、すさんだスラム街が大量に生まれて、犯罪が横行していました。

それに対して、ロンドンは、風紀を厳しく取り締まるビクトリア時代になります。

大人の教養を身につける具体例

17 美術史・時代背景・作者の人生を学ぼう。

「足と名のつくものにはすべて靴下を履かせなさい」という時代です。

机の脚にも全部靴下を履かせていました。

よけいヘンです。

1900年をまたぐ時代は、売春が禁止になり、一気に売春婦が激増というアンバランスな出来事が起こりました。

時代背景を学ぶことで、絵を味わえるのです。

18

約束事がわからなければ、芸術は味わえない。約束事は、わかっていることを前提に説明されない。

展覧会に行くと、音声ガイドがあります。
音声ガイドでは、情報を伝える限界があります。
そのため、芸術を知っている人が聞くことを前提にしています。
教養のない人は、必死に作品のそばにある説明書きを読みます。
あの説明も最低限のことしか書かれていません。
書いている人は芸術をわかっている人だからです。
たとえば、作品に鳩や羊が出てくるだけで意味がわかります。
色にも意味があります。

青色は、マリア様をあらわすので、誰にでも使えるものではありません。

赤色は、イエス・キリストです。

スーパーマンが赤と青のマントを着ているのは、マリア様とキリストの合体です。

赤と青は、一番大切なものをあらわす色なのです。

キリストの赤は、血を意味します。

将来、はりつけになることに由来します。

服に星のマークが入っているのはマリア様です。

展覧会では、作品ごとに一々そういう解説はないのです。

鳩は、「神と子と聖霊」の三位一体の中の「聖霊」です。

英語では「スピリッツ」です。

私は神父さんに、「神と子はわかります。聖霊とはなんですか」とダイレクトに聞いてみました。

神父さんは「いい気持ち」とおっしゃっていました。

これも訳としては面白いです。

神社に行くと独特な空気が流れているのと同じで、「いい気持ち」と訳されたのは理解できます。

羊飼いは「神父」、羊は「信徒」を指します。

日本の文化にもそういう約束事はたくさんあるのです。

蛙が跳んでいる花札に描かれている人物は、小野道風です。

花札自体に解説は書いていません。

それは知っていればわかることです。

芸術は、
① つくる人
② 見る人
という2つの要素で成り立っています。

「つくる人の力量」と「見る人の力量」と半分半分なのです。

どんなにつくる人に力量があっても、見る人に力量がなければわかりません。

つくる人がした勉強を、見る人もしていないと、物事は味わえないのです。

よく「クラシックは難しい」と言う人がいます。

クラシック音楽の難しさは、勉強している人でないとわからないところです。

モーツァルトやバッハのクラシック音楽は、そもそも宮廷の貴族が自分のお城に招いて演奏させていたものです。

または教会で演奏されていました。

教会にいる僧侶や貴族は教養があるので、クラシック音楽が理解できるのです。

それがやがて庶民に広がり、オペラ座で演奏するという形になりました。

フランツ・リストの演奏会が庶民向けのライブの始まりです。

庶民は勉強していないので、難しい音楽はわかりません。

クラシックが難しいというのは、セオリーを勉強していないだけのことです。

貴族たちがクラシックを理解できたのは、貴族的な音楽だからではありません。

クラシック音楽を勉強していたから味わえたのです。
大人の教養を身につける具体例 18 約束事を学ぼう。

19

教養とは、すべての芸術がつながっていることに気づけることだ。

私は、大学で映画を専攻して勉強しました。
映画は第8芸術と呼ばれています。
映画の前に、7大芸術があります。
それが、文学・音楽・絵画・演劇・建築・彫刻・舞踊です。
その7大芸術を総合したのが映画と言われています。
さらには、そのベースに哲学・歴史・美学があります。
「自分はこのことはわかるけれども、ほかはわからない」というのはありえません。
1ジャンルだけがわかるということは不可能なのです。

すべてのことは根っこでつながっています。

1つのジャンルの本質を勉強していけばいくほど、ほかのものを勉強しておかないと、先の根っこのところへたどり着けません。

1つのジャンルを深く掘ると、ほかのことも「これはあれと同じだ」と、どんどんわかるようになります。

今、私は花岡先生にボールルームダンスの基本を習っています。

レッスンの時に、「オリンピックの砲丸投げはダンスと同じだね」という話になりました。砲丸投げとボールルームダンスは一見かけ離れたものなのに、同じものだとわかるのです。

まったく違うジャンルのものに対して、「これ、全部つながっている」と感じられることが、本質をつかんでいるということです。

一流と一流の会話の深味は本質論になります。技術論には決してなりません。

Bランクの師匠は、弟子に基本を教えます。

これを極めていくと、Aランクの世界では本質の議論になるのです。

すべてにおいて「これとこれはつながっているな」と思えることが、本質を学んでいるということです。

教養に、ジャンルはないのです。

教養のない人は、「〇〇はできるけど、△△はできない」とか「〇〇は詳しいけど、××は詳しくない」と、ジャンル分けをしたがります。

ダンスを習いに来て、「〇〇のジャンルを教えてくれ」と言うのは、教養のない習い方です。

中には、教わり方のうまい人がいます。

先生に、「基本から入るタイプなんだな」「根っこから行くタイプなんだな」「根っこをさらに深いところへ行くという教わり方の基本ができているね」と思われる人は、その時点で、すでに何かの教養を身につけているのです。

大人の教養を身につける具体例

⑲

根っこが同じと気づくために、学ぼう。

20
茶道は、お茶を通して、芸術全般を味わう。

日本の教養の1つの茶道は、お茶のことだけを勉強していたのではできません。

茶道の場合は、お茶を入れる主人と、一番手前に座っている主客が会話をします。

主人と主客の会話のレベルがあまりにも高すぎて、それ以外の人は話せません。

2人の会話には、お茶の話は出てこないのです。

お軸・花・設《しつら》えなどについて話をします。

お茶を通して、今の季節や思想・哲学・庭園・建築・日本画・中国絵画など、あらゆるジャンルの会話をするハイレベルなやりとりです。

茶道では、お茶を知っているかどうかが大切なのではありません。

主客と主人のやりとりを聞いて、「ああ、なるほどな」とわかる教養を持つ必要があるのです。

月見の茶会というのがあります。

「月は隅《くま》なきをのみ見るものかな」とひと言、ポッと言われた時に「ああ、そうですね」と言う人は、日本の風情を理解していません。

「くまなきはつまらない」とは、「曇りのない月はつまらない」と言う意味です。

舞台の書き割りの月でも必ず雲がかかっています。

雲のかかっている月を眺めるのが日本の風情なのです。

海外では、「月に雲がかかっていると、よくないことが起こる」と言われています。

太陽が神で、月は悪魔をあらわします。

月の見方1つでも、国によって意味がまったく変わってくるのです。

大人の教養を身につける具体例

20 すべての芸術を学ぼう。

21 すべての一流の芸術を見ないと、映画を味わうことはできない。芸術は、すべてが関係している。

私が早稲田大学で映画を勉強している時に聞いた淀川長治さんのアドバイスがあります。

「映画を勉強しようと思ったら一流のバレエを見てください。一流の歌舞伎を見てください。一流のお能を見てください。一流の日舞を見てください。そうしないと、映画はわかりませんよ」とおっしゃっていました。

これは実際に淀川長治さんがされていたことです。

手塚治虫さんはクラシックマニアで、一流のコンサートに行かれていました。

マンガを描く時も、「この絵を描く時にはこの曲だ」とクラシック音楽をかけていたそうです。

ウォルト・ディズニーもクラシックが大好きでした。

あのディズニーという、家族や子どもたちが楽しめる世界をつくっているのは教養人だったのです。

結局、自分の専門とするジャンルではなく、一流のものに触れていくことが大切なのです。

あるジャンルの一流と二流を見分ける目ではなく、オールジャンルの一流と二流を見分ける目を持つことです。

「一流の人間を見分ける目を持つにはどうしたらいいですか」と聞く人がいます。

一流の人に会えばいいのです。

ただし、一流の人がわからない人は、一流の人と会うことはできません。

そのために一流の芸術作品があるのです。

一流の芸術作品は多くの人からチェックされ評価が出ています。

一流の芸術作品にふだんから触れていれば、一流の見分け方がわかります。

人間を見た時も、「この人はちゃんとしている」「この人はきちんとしていない」「この人には基本がある」「この人には基本がない」と、一発でわかるようになります。

これは体験の積み重ねによるものです。

体験しながら勉強もしていくのです。

一流と二流を見分けるのは、理屈ではなくて瞬間です。

時計は、職人がつくった文化の集積の工芸品です。

私は、子どもの時に父親のロ一レックスをもらいました。

それからずっとロ一レックスをつけています。

ニセモノのロ一レックスは、持っただけでわかります。

持った時の手の感触がまったく違うのです。

見た目ではありません。

目隠しした状態でもわかります。

1つは、重さが違います。

もう1つは、ホンモノのロ一レックスは手の中で持った時に痛くないのです。

金属製のベルトがクニャッとなります。
ニセモノは、ベルトのしなやかさがないために痛いです。
すべてのジャンルにおいて、一流と二流にはこのような違いがあるのです。

大人の教養を身につける具体例

21

一流の芸術を見よう。

Chapter 3

「わかりやすい」に流されると、成長しない。

22

美術館は、行くところではない。通うところだ。

美術展の話になると、「行きましたよ」と、勝ち誇ったように言う人がいます。

美術展は行くものではありません。

ルーブルの解説書には「ルーブルは行くところにあらず。通うところなり」と書いてあります。

行くだけではなく、通い続けて、空気を吸うのが美術館です。

それでなくても、ルーブルは1週間かけても全部を見ることはできません。

エルミタージュに至っては、展示するスペースがどんどん拡張しています。

美術館には、展示場と貯蔵庫があります。

常に展示しているのは、ごく一部です。

美術館にもディズニーランドのような年間パスポートがあります。

パスポートを持って、近くに寄った時にブラッと入るというのが、美術館の正しい見方です。

よく「芸術は癒やし」と言われます。

私は芸術に触れるとヘトヘトになります。

一流の人とごはんを食べる時は、気を張ってヘトヘトになるのが正しいのです。

「緊張の後に弛緩が来る」という意味なら、ありです。

ただ癒されるだけというのは、しょせんそのレベルでしかないということです。

美術館への行き方が間違っている人は、東京国立博物館（東博）の平成館だけ見て帰ってしまいます。

企画展は平成館でやっているからです。

あんなに並んで入ったのに、本館の地下にある常設展は見ないのです。

国宝展があると大行列になります。

大半はふだんから常設展に置いてあるものです。

「国宝展」という切り口に踊らされているのです。

美術館の差は、常設館の力の差です。

ルーブルにしても、メトロポリタンにしても、エルミタージュにしても、常設館に圧倒的な力があります。

なんとなくブームで、ＴＶに取り上げられたものを見てきて「見た見た」と言うのは、少し違和感があるのです。

大人の教養を身につける具体例

22

ヤル気より、本気になろう。

23

美術館に行くヒマがないから、二流になる。美術館に行くから、一流になる。

「美術展に行こうと思っているんですけど、忙しくてなかなか行けないんです。気がついたら終わっているんですよ」と言う人がいます。

その人は二流の人です。

毎週「来週行こうと思います」と言っているうちに、美術展が終わってしまうのです。

二流の人と一流の人では、一流の人の方が圧倒的に忙しいのです。

にもかかわらず、一流の人ほど美術展に行っています。

二流の人の「行っているヒマがない」と言うのは、どこかにウソがあります。

大人の教養を身につける具体例

23

生活の一部にしよう。

一流の人は、どんなに忙しくても、その忙しい中を割いて、美術展を優先したスケジュールを組んでいます。

二流の人は、優先するほどの重要性を感じていないのです。

美術館は、生活に組み込まれていないと、なかなか行けません。

映画館に行かなくなると、まったく行かなくなります。

行き始めると、予告編を見て「これは面白そうだ」と思ってまた行きます。

バレエも、行くとチラシをもらうから、「次はボリショイがある」「マリインスキーがある」ということで、また行きます。

行く人は習慣になっています。

行かない人は、まったく行きません。

この二極分化が起こっているのです。

24

「難しい」のは当たり前だ。自分の勉強と体験が足りないだけ。英語が難しいのではない。勉強していないだけと同じ。

クラシック音楽も絵画も難しいですが、難しいのが茶器です。
国宝の茶碗でも、ただの汚らしい茶碗にしか見えません。
100円の茶器と国宝の茶器との違いがわからないのです。
よく考えると、「難しい」と言うのは、おかしな話です。
たとえば、英語を勉強しない人は「英語は難しい」とは言いません。
英語が世界で流通しているのは、イギリスが強い国だったからだけではありません。
日本語に比べると、英語はノンネイティブの人にも勉強しやすい言語です。
世界で一番難しいのはアラビア語で、2番目に難しいのはロシア語だと言われています。
それから比べると、英語は簡単なのです。
「英語は難しい」と言うのは、なんのことはない、勉強していないからです。
これはあらゆるジャンルの教養で言えることです。
「難しい」と言う前に、勉強すればいいだけです。
「わからせてくれ」と言うのは、受け身すぎるし、甘えでしかないのです。
野球はアメリカのスポーツです。
野球は途中の点数が出るので、わかりやすいのです。
点数が出ていなかったら、少し難しくなります。
わかりやすいスコアボードは、アメリカ人になじむのです。
それから考えると、フィギュアスケートは難しいのです。
解説の人の言うことも、よくわかりません。
転んだことはわかります。
転ばない中で、今のがどう凄かったのかわかりにくいのです。

ここに途中に点数の表示がないことの難しさがあります。
わからなければ、自己責任ということなのです。

大人の教養を身につける具体例

24

わかるかどうかは、自己責任と覚悟しよう。

25

「わかりやすい」に、流されると、成長しない。

教養のない人は、とにかく「わかりやすいもの」に飛びつきます。

わかりにくいものには近づきません。

「わかりやすいものはいい、わかりにくいものはよくない」という価値観なのです。

わかるかわからないかは、自己責任です。

食べ物に置きかえて言うならば、「やわらかい食べ物はおいしい、かたい食べ物はおいしくない」と言っているのと同じです。

いいお刺身は歯ごたえがあります。

いい鶏肉も歯ごたえがあります。

大人の教養を身につける具体例

25

「わかりにくいもの」に挑もう。

突き放されても突き放されても、食らいついていくという感覚が必要なのです。

むしろ「来るな」と、突き放されます。

教養は「おいでおいで」とは言ってくれません。

わからなくても、「これがわかるようになりたい」と食らいついてチャレンジする気持ちが大切です。

わかりやすいものをよしとして、わかりにくいものを避けていると、教養は身につきません。

養鶏場で飼われている鶏は、肉がやわらかいのです。

比内地鶏とか宮崎の地頭鶏《じとっこ》とかは地面を歩いているから、歯ごたえがあります。

ふだんやわらかいものに慣れていると、「なんだ、ファストフードの方がやわらかくておいしいや」ということになるのです。

26 子どものころ、家にあった絵で、教養は決まる。

子供の頃、家に絵がなかった人が圧倒的に多いのです。
私がお供えに行く祖父の遺影の隣には、ミレーの「落穂拾い」の絵が置いてありま
す。
その絵は、私が神戸の六甲に住んでいた時から壁にかかっていました。
「落穂拾い」は、勤労と祈りの絵です。
お酒飲みだったおじいちゃんの人生訓が、そこにあるのです。
おじいちゃんは、伊射奈岐《いざなぎ》神社の前で自転車メーカーを営んでいました。
当時、自転車はハイテクでした。

従業員も大ぜい雇っていました。

そのおじいちゃんの生きる哲学と美学が、ミレーの「落穂拾い」の中にあったのです。

父親の事務所のドアの上には、東郷青児の絵がかかっていました。

東郷青児は、二科会の会長で、基本を徹底的にアカデミックに勉強された人です。

家にそういう絵があるだけで、その人の人生が変わります。

私の子どものころは、小学校の校門のところで絵画のレプリカを売りに来る人がいました。

私が初めて買った絵画は、ルノワールの「イレーヌ嬢」です。

子どもだからわかりやすい動機ですが、イレーヌ嬢がかわいいから買ったのです。

それを私の机の前に飾りました。

アイドルのポスターを飾るか絵を飾るかは、その家の習慣で決まるのです。

大人の教養を身につける具体例

26 家の中に、絵を飾ろう。

27

子どもの教養は、親以上には伸びない。

子どもに教養をつけるには、親が教養をつけるほかありません。

親に教養がないのに、子どもに教養をつけることはできないのです。

「子どもに教養をつけさせたい」と言っている親御さんのほとんどは自分が勉強していません。

「私はいいから、子どもに教養をつけてください」と言うのです。

子どもがどんなに外で習ってきても、家に帰って親に教養がないと、習ったことはムダになります。

子どもは「こんなものか」と思って、勉強しなくなるからです。

大人の教養を身につける具体例

27 子どもに勉強させる前に、親が教養を身につけよう。

子どもを勉強に行かせるぐらいなら、親が勉強した方がいいのです。

親がクラシックのコンサートに行っていたら、子どもを連れて行かなくても、子どもはクラシックが好きになります。

親がオペラや歌舞伎を見に行っていたら、子どもはその話に興味を持って、「自分も連れて行って」と言うようになるのです。

親が犠牲になって子どもだけ行かせるのは、逆効果です。

子どもは「ムリヤリ行かされている」と感じて、むしろそのことが嫌いになってしまうのです。

28

季節感を感じることが、教養だ。季語は、日本の季節の美意識が凝縮している。

俳句の約束ごとは、きわめてシンプルです。

① 五・七・五

② 「や・かな・けり」の切れ字を入れる

③ 季語を入れる

これだけでいいのです。

俳句は、たった17文字で宇宙を描きます。

みんなが、しみじみと「ああ、いいな」と感じるのは、季語の中に大きな時間と空間が込められているからです。

俳句の中で、季語が爆発します。

季語はダシのもとのようなものです。

季語の中に、日本人の美意識がすべて入るのです。

たとえば、「虎落笛《もがりぶえ》」は冬の季語です。

犬矢来や竹垣などの竹製の柵が冬の風を受けて、笛のように「ピーッ」と鳴るのが虎落笛です。

この言葉を知っていれば、「虎落笛」と聞いただけで冬の景色が一発で思い浮かびます。

日本人の古来からの美意識が、たった5文字の季語にすべて込められているのです。

季語は1つ1つ覚えていった方がいいのです。

そのためには、家に1冊ではなく、各自1冊、『歳時記』をいつも手元に置いておくようにします。

季節行事を大切にすることでも、季節感の中に美意識を感じられます。

私の家では、12月12日に、お札を逆さまにして玄関のところに貼っておきます。

そうすると、泥棒が入らないと言われています。

12月12日は、石川五右衛門が釜ゆでになった日です。

最近は少なくなってきましたが、昔はどこの家にも貼っていました。

クルマの前にみかんをぶら下げる習慣は、関西地方にはだいぶ残っています。

おせち料理の具材には、すべて意味があります。

私の家では、くわいは「お兄ちゃんが芽が出るように」、煮豆は「今年もまめに働けますように」と言いながら、親が子どもにおせち料理を取ってくれました。

呪文・まじないの世界です。


能書きが、教養を育む会話では大切です。


教養のない人は、季節行事がだんだん希薄になっていきます。

季節行事をしないで育つと、教養のない人になります。

今は快適になってきて、暑い寒いもどんどんなくなっています。

利便性を考えると、季節行事はめんどくさいのです。

おせち料理も、あんなにめんどくさいことはありません。

そういうものがどんどんなくなる中で、どこかに季節感を感じ取れることが教養なのです。

大人の教養を身につける具体例

28 季節行事を大事にしよう。

29

職人の町は、学習塾より、習いごとで教養を磨く。

私の家はコシノ3姉妹と親戚です。

コシノ3姉妹の家では、アヤコお母ちゃんが子どもたちに習いごとをたくさんさせていました。

コシノ家はデザイナー、私の家は染物屋なので、繊維産業同士が親戚です。

職人同士の家は近所に住んで、その地域から遠く離れないようにしているのです。

職人は分業制です。ある1つの工芸品に16工程あると、16分業です。

1人が廃業すると連鎖倒産が起こるので、やめられないのです。

たとえば、茶道具というと、なんとなくひとまとめにしてしまいがちです。

実際は、茶せんをつくる人は茶せんだけつくり、茶杓《ちゃしゃく》をつくっている人は茶杓だけつくっています。その家が途絶えたら、お茶道具ができなくなります。

そのぐらい大変な世界なのです。

大人になってから、「子どもの時にピアノとかバイオリンとかを習わせてもらいたかったな」と思うことがあります。

これからキャッチアップしようと思ったら、自分で自分の家庭教師をつければいいのです。

大人になったメリットは、お金を持っていて、自分で物事を決められることです。

「そんな予算はない」と言いますが、全然大丈夫です。

教養の家庭教師をつけることで、バカなことにお金を使わなくなるからです。

大人の教養を身につける具体例

29

教養の家庭教師をつけよう。

30

宗教がわからなければ、芸術史はわからない。

芸術史を見る時のポイントは宗教です。

一見、無関係に見える「信仰」というものが教養のベースになるのです。

キリスト教がわからなければ、西洋美術史はわかりません。

仏教がわからなければ、東洋美術はわかりません。

仏教を勉強している人には当然わかることは、説明では省略されているのです。

日本に、美術は仏教と一緒に入ってきました。

それまでの日本には美術も文字もなかったのです。

文字がないところに、いきなり凄いことが書かれている経典だにが入ってきたのですから、驚きです。

日本語の文字がある中で英語が入ってきたのとはわけが違います。建築も、それまでは柱を立てた切妻型の建物だったのに対して、いきなり五重塔のようなものが建てられました。

絵の具も、筆も、墨も、硯《すずり》も、すべて仏教と一緒に入ってきました。

仏教がわからなければ、日本美術史も日本建築もわからないのです。

日本には、古来から「神道」という土着の山岳信仰があります。

ヨーロッパの美術は、「ギリシャ文化」「キリスト教」「地元信仰」の3つが混ざり合ってできています。

日本の宗教は、外から入ってきた仏教と神道が混ざり合ってでき上がっています。

神社仏閣に行くことで、そういうことを味わい、肌で感じ、勉強できるのです。

お詣りに行くと、厳粛な気持ちになります。

神社で、鳥居の真ん中を通ってはいけないのはなぜか。

参道の真ん中を歩いてはいけないのはなぜか。

大人の教養を身につける具体例

30

神社仏閣にお詣りしよう。

参道に玉砂利が敷いてあるのはなぜか。
お賽《さい》銭をする時に、鐘をカランカランと鳴らすのはなぜか。
参拝の時に、神社では手を叩き、お寺では手を叩かないのはなぜか。
こういうことを親が子どもに教えていくのです。
まわりの人を見ながら、叩くのか叩かないのかとやっていると危ないです。
前の人が間違って叩いたら、自分も間違ってしまいます。
お葬式には子どもを連れて行って、お焼香の仕方をきちんと教えておきます。
「前の人を見ていれば大丈夫」と言っても、前の人が間違っていたら終わりです。
「しきたり」という目に見えないルールを学んでいくことが教養なのです。

31 教養とは、畏《おそ》れることだ。

教養とは、リスペクトを持つことです。
リスペクトは、漢字二文字で書くと「尊敬」です。
これを漢字一文字でどうあらわすかです。
漢字一文字に、哲学や美学など、あらゆる思想が凝縮しています。
漢字の勉強は、ただ文字を覚えることではないのです。
これが表意文字と表音文字との違いです。
アルファベットは表音文字です。
「A」には別に意味はありません。

ただの「A」です。
たとえば、「アインシュタイン」は「1つの石」という意味です。
だからといって、「一石さん」ではないのです。
外国人に名前の意味を聞くと、逆に「意味って何?」と聞かれます。
日本は中国の漢字文化圏です。
「リスペクト」を漢字一文字であらわすと、「畏」です。
「畏」は、恐怖の「恐」とは違います。
「恐」は、ただ「お化けが怖い」ということです。
「畏」は、「崇めて怖い」のです。
教養のある人間は、謙虚になります。
崇高なものに対して畏怖の念を持つからです。
美しいものは、同時に怖いものでもあります。
怖いものは見たいし、見たいけど怖いのです。
「美しさ」と「怖さ」はセットになっているのです。

大人の教養を身につける具体例

31 崇高なものに、畏怖の念を持とう。

幽霊は必ず美人です。
美人でないと、怖くありません。
不細工な幽霊が出てきても、笑ってしまいます。
美人が出てくるから、怖さが出るのです。
神社やお寺に行って「なんとなく怖い」と感じるのは、正しい感覚なのです。

32

中国文化がわからなければ、日本文化はわからない。

日本画の最初の理論書は、中国の漢文で書かれています。

今は「メイド・イン・チャイナ」イコール「安っぽいモノ」というイメージがありますが、中国は、長年、世界のトップでした。

アジア地域は、すべて中国の影響を受けています。

アジアにとどまらず、ヨーロッパでも中国の影響を受けている部分があるのです。

中国文化を日本風にアレンジしたものは、たくさんあります。

水墨画が母の日本画は、教科書は中国にあります。

中国の古典と漢字を勉強しないと、日本の文化はわからないのです。

私は、学校の授業では漢文が大好きでした。

漢文はドラマチックです。

史記の話とか兵法家の話とか、どちらかというと英雄物の映画を見るように、ドキドキしながら漢文を読んでいたのです。

漢文を読む時の音の感じも好きです。

漢文の教科書は全部ノートに写していました。

しかも、書体まで似せています。

写すだけでドキドキするぐらい好きだったのです。

国語のテストの配点は、現国50点、古文40点、漢文10点です。

10点のために頑張っても、点数的にはムダな勉強です。

ここが受験と教養との違いです。

しょせん受験はそんなレベルということです。

私は高校の時に「鴻門の会」という映画サークルをつくりました。

ちょうど『史記』の「鴻門之会」を習っている時だったからです。

おそろいでつくったトレーナーの背中にも「鴻門の会」と入れました。

当時、レタリングは大体私がやっていたのです。

みんなでスキーに行く時も、そのトレーナーを着て行きました。

サークルの1人が受験で失敗した時に、父親に「おまえな、尻の名前つけとくから落ちるんや」と言われたそうです。

それは字が違います。

「コーモン、コーモン」と略して呼んでいたら、よその人に「そっち系の人ですか」と間違えられたこともありました。

私は、それぐらい漢文が好きだったのです。

大人の教養を身につける具体例

32 中国古典を勉強しよう。

33 ガイドになるには、英語力より、芸術の知識が必要だ。

若冲コレクターの第一人者ジョー・プライスさんは、「プライスカンパニー」というパイプラインをつくる会社の大富豪の息子さんです。

大富豪の息子には家を継ぐプレッシャーがあるし、自分で開拓したいということもあって、ジョー・プライスさんはタヒチに行きました。

タヒチで買った船が壊れて、直接アメリカに帰れなくなりました。

それで、いったん日本に来て、せっかくだからと観光することになったのです。

そのときに通訳についてくれたのが、今の奥さんの悦子さんです。

悦子さんは、京都の芸術を圧倒的な知識で解説してくれました。

大人の教養を身につける具体例

33

芸術の素養を身につけよう。

ガイドで大切なのは、英語力ではなく、芸術の知識です。

芸術の知識がなければ、京都の芸術は解説できません。

語学力がいくらあってもダメなのです。

悦子さんはお武家の娘さんで、芸術の素養がありました。

日本文化だけではなく、中国文化にも詳しいのです。

ジョー・プライスさんが来るたびに案内を頼まれるので、さらに自分でも勉強しました。

そういう流れで、最終的に2人は結婚しました。

中国文化を知らないと、日本文化の説明はできないのです。

34 情報より、教養で差がつく。情報時間より、教養時間を持つ。

情報化社会は、情報を持った人間が勝てる社会ではありません。

みんなが情報を持っているので、情報では差がつかないのです。

昔は、これから伸びる株とか、どこにビジネスチャンスがあるといった情報は、偉い人だけが持っていました。

インターネットが出てきて情報化社会になると、偉い人だろうが、女子高生だろうが、持っている情報は同じになったのです。

そこで差がつくのが教養です。

情報化社会になればなるほど、教養で差がついていくのです。

1日24時間は「情報時間」と「教養時間」とに分かれます。情報時間ばかりの人は情報化社会では勝てません。

ビル・ゲイツは、1人でいる時は本を読んでいます。

ネットサーフィンはしていません。

だから勝てるのです。

怖いのは、スマホをずっと見ていることです。

「スマホにも教養はある。ウィキペディアにいっぱい出ている」と言いますが、それは誰が書いたものかわかりません。

それなら本を読んでいる方が、まだマシです。

誰が書いたかわからない本は出ないからです。

本を販売店に出すことで、出版社はリスクを背負っています。

間違った中身のものを出すと、大赤字になるのです。

本を出すまでには、校正のチェックがたくさん入ります。

ネットにはそれがないので、間違ったものが、どんどん二次利用されていきます。

正しいのか間違っているのかさえ、もはやわからなくなるのです。

たとえば、教養のある人とない人とでは旅行の仕方も変わります。

教養のない人の旅行は、買い物と食べ放題です。

教養のある人の旅行は、勉強と体験です。

今は白川郷に行くと外国人が多いのです。

ベネッセがつくったアートの町、直島に行くと、外国人だらけです。

日本人からすると、直島は不便です。

高松まで行って、さらに高松からフェリーに乗って行くようなところです。

外国人にとっては、極東まで来ている時点で、白川郷に行こうが、直島に行こうが、たいして変わりません。

東京から離れた地方の文化的な町に来ている外国人はたくさんいます。

その外国人は、必ず教養のある人なのです。

大人の教養を身につける具体例

34

旅行をしたら、買い物より勉強と体験をしよう。

Chapter 4
言葉のレベルで、教養の差がつく。

35

言葉は、教養のエッセンスだ。言葉のレベルで、教養の差がつく。

教養のある人かどうかは、ひと言話せばわかります。

1つは、教養的なネタで話せるかどうかです。

もう1つは、そもそも使う言葉が違うのです。

教養のない人の話す言葉は、日本語としてどこかヘンです。

ボキャブラリーも圧倒的に少ないのです。

なんでもかんでも「ヤバい」「かわいい」で済まそうとします。

「ヤバい」も「凄い」も「感動した」も「へこんだ」も、それをあらわすのに無限の言葉があります。

何かをあらわすには、そのための適切な言葉があるのです。

その言葉を持たない人は、すべてを「ヤバい」「凄い」「へこんだ」「傷ついた」「キレた」「ムカつく」で済まそうとします。

「ムカつくとはどういうことですか」と聞いても、「ムカつくからムカつくんだよ」と言うのです。

これはただの同義語反復です。

議論が深まらないし、コミュニケーションもとれなくなるのです。

大切なのは、多くの言葉を知っていることです。

私が一番愛用している辞典は漢和辞典です。

漢和辞典を読んでいると、言葉が増えていきます。

漢和辞典には、漢字の「音読み」と「訓読み」が載っています。

音読みは、当時の中国から入ってきたネイティブ発音をそのまま音声に置きかえたものです。

呉の時代・漢の時代・唐の時代と、入ってきた時代によって読み方が何通りもあるのです。

訓読みは、もともと日本にあった言葉に漢字を組み合わせたものです。

漢字の意味は、音読みではなく、訓読みにあります。

漢和辞典で訓読みを見ることで、自分の中の大和言葉が増えていくのです。

無人島に本を1冊持っていくとしたら、私は漢和辞典を持っていきます。

1つの漢字の中には物語がたくさんあります。

「辞書なら家にあります」と言う人がいますが、辞書があるだけではダメです。

辞書は、足を動かさなくても取れるところに置いておきます。

私のまわりには、コックピットのように、立たなくてもとれるところに辞書があります。

そうしないと、辞書との接触回数が減るからです。

教養は、接触回数を増やすということなのです。

35 漢和辞典を手元に置こう。

36 語彙を増やすには、誰とでも話すことだ。体験を増やし、紙の本を読む。

語彙を増やすための方法は3つです。

① 誰とでも話す

新渡戸稲造先生が旧制一高（今の東大）の学長をしていた当時、一高は孤高の存在で、学生は「なんでわれわれエリートが庶民と話さなければいけないのか」と思っていました。

それに対して、新渡戸学長は「そんなことだと圧倒的に狭くなってしまうよ。教養とは誰とでも話せることだ」と言って、学生と戦いながら改革していったのです。

職人さんと話せば職人さんの言葉、音楽家と話せば音楽家の言葉、芸術家と話せば芸術家の言葉が生まれてきます。

教養のある人と出会いたいと思っても、言葉が足りないと出会えないのです。

教養をつけるには、まず、人と話すことが大切です。

情報化社会は「ネット」というツールがあるので、人と会わなくてもやりとりができます。

それでは教養はつかないのです。

② 体験を増やす

実体験していない言葉は心に入ってきません。

言葉が皮膚感覚を持って感じられることが大切です。

たとえば、雑巾を絞ると、手が少しヒリヒリする感覚があります。

雑巾を絞ったことのない人には、この感覚がわかりません。

英語で言う「スクイーズ」は、グレープフルーツジュースをつくる時に手で絞る感じです。

「絞る」という漢字の読み方と「スクイーズ」はわかります。

ここで手の感触が伴っているかどうかが大切です。

昆虫図鑑を見ても、昆虫はわからないのです。

村田理如さんの蒐集した京都の清水三年坂美術館は、幕末から明治にかけて外貨獲得のためにつくった超絶技巧の虫を展示しています。

もともとは大名お抱えの職人たちが、世界に日本の技術力を示すためにつくったものです。

その虫は、手のひらにのせると、モゾモゾします。

実際には動いていないのに、動いている感覚があるのです。

職人さんは、それを計算してつくっています。

こういう皮膚感覚は、体験をしないとわからないのです。

③ 紙の本を読む

ネット情報はボキャブラリーが限定されます。

紙の本には、自分の知らない言葉がたくさん出てくるのです。

私は、20代のころに10歳以上年上の女性とつきあっていました。

彼女は「私があなたとつきあったのは、あなたが私の知らない言葉を話すのが面白かったから」と言いました。

それぞれの人が知っている言葉は、結局、その人がどう生きてきたかによります。

何を見て、どんな本を読んで、どんなところへ旅して、どんな音楽を聞いたかが、すべてその人のボキャブラリーになっていくのです。

その人が話す言葉を聞くと、その人がどう生きてきたのか、将来何を目指しているのかがわかるのです。

大人の教養を身につける具体例

36

ナマの体験を増やそう。

37 あらゆるモノに、名前がある。

いろいろな人と話すと、それぞれが持っている言葉が違います。
就活の時に、「私は顔が広い」と言う学生がいます。
そのわりにはボキャブラリーが少ないのです。
それは「顔が広い」とは言えません。
知り合いの数は多くても、同種の大学生としか出会っていないのです。
あらゆるモノには名前があります。
モノの名前を知ることは、教養です。
たとえば、鍋料理の時に使う小さい取り皿をなんと呼ぶかです。

「取り皿」と言ってしまうと、ただの小さいお皿と同じです。

ここで「とんすいですか」と言った男がいました。

「なんで知ってるの」と言うと、「居酒屋でバイトしてました」と言うのです。

それも体験です。

カレーのルーが入っている魔法のランプのような入れ物があります。

あれにも「グレイビーボート」という名前があります。

船の形に少し似ています。

イギリスの貴族を描いたドラマ『ダウントン・アビー』の中で、召使がご主人様のお肉にソースをかける時にも持っていました。

ホテルの結婚式でもグレイビーボートがまわってきますが、そのころにはお肉を食べ終わっています。

「グレイビー」とは、お肉のソースのことです。

海軍がカレーをイギリスから導入した時に、グレイビーボートはカレーのルーを入れるのにちょうどよかったのです。

ああいう使い方は、日本独特です。

インドでもイギリスでも、そんな使い方はしません。

最初からカレーにルーがかかっていたら、少し愛想なしです。

グレイビーボートがついているだけで、ちょっといいお店に見えます。

「カレーのルーを入れるやつ」という呼び方では、かわいそうです。

「グレイビーボート」と言うだけで、「グレイビーって何?」という話から、カレーの話が展開していきます。

日本で一般的なカレーは、イギリス海軍のカレーシチューを参考に日本の海軍がつくったものだと言われています。

海軍は金曜日にカレーを食べます。

航海に出ていると、曜日感覚が消えます。

カレーが出たら金曜日ということで、曜日感覚が回復するのです。

今は佐世保でも横須賀でも海軍カレーがあります。

スーパーにも海軍カレーのレトルトがあります。

大人の教養を身につける具体例

37 モノの名前を知ろう。

カレーは日本の代表的な食事です。

あのカレーは日本独自のものです。

日本の文化であり、ある意味、和食です。

いろいろな文化が混ざり合って、インドのカレーともタイのカレーともイギリスのシチューとも違うものができ上がったのです。

「ピッツァ」と「ピザ」も違います。

イタリアにあるのがピッツァで、ナポリが発祥です。

ピッツァが日本に入ってきたのは1985年です。

アメリカ経由でピッツァより先に入ってきたのが、ピザです。

ピザは具材を食べるものなので、具材がこんもりのっています。

ピッツァは皮を食べるものなので、具材はほとんどのっていません。

「ピッツァ」と「ピザ」は違う料理なのです。

38 手の届くところに、辞書を置く。

誰しも英語は一生懸命勉強しようとします。

外国語力は、母国語力を超えません。

母国語の限界が、外国語の限界です。

どんなに英語ができても、前述のジョン・プライスさんと悦子さんの話のように、知識がないと話すことはできません。

日本文化を知らなければ、グローバル化はできないのです。

日本を知ると言っても、どこに何があるという情報のことではありません。

日本の精神的なものを知っておくということです。

たとえば、なぜ神社に詣る時に手を洗うのかとか、そういう日本の精神的なるものを知っておかなければ、グローバル人にはなれません

グローバル化とは、外国のことを知ることではないのです。

海外旅行に行くことのよさは、日本のいいところがわかることです。

今は日本でもインバウンドの人が増えています。

彼らは、日本人にとっては当たり前のことを、わざわざ写真に撮っています。

旅行者が来ることによって、自分の国のよさに気づけるのです。

大人の教養を身につける具体例

38

外国語のつもりで、日本語を学ぼう。

39

日本人だから、日本芸術がわかるとは限らない。勉強している外国人に負ける。

「しょせん日本人なんだから、日本の文化なんか子どもの時から見ているから勉強しなくてもわかる」というのは、大間違いです。

その人は、日本のことを勉強している外国人に勝てません。

日本に来ている外国人は根性があります。

勉強の仕方のレベルが、はんぱではありません。

日本人は最初から日本にいます。

いつも目の前に日本の文化があるので、あまりありがたみを感じなくて勉強しなくなっているのです。

教養のある人は、自分たちの文化にありがたみを感じて、さらに勉強しているから、教養になっているのです。

私が早稲田大学文学部演劇科にいた時に、時代劇を一番見ているのはフランスの留学生でした。

日本人でも、日本の文化を勉強しなければ、一生懸命勉強した外国人に負けるのです。

日本人は、外国文化は一から勉強するのに、日本の文化を一から勉強しようとしません。

それは勉強の仕方が間違っているのです。

大人の教養を身につける具体例

39

一から勉強しよう。

40 教養は、ひと言話せばバレる。

教養のある人とない人の見分け方は要りません。

ひと言話せば、その人に教養があるかないかは一発でバレます。

教養のない人の「知ったかぶり」は通用しないのです。

バレるというのは、教養のある人に対してです。

テストは何もありません。

何げない雑談をひと言、ふた言、交わすだけで、「この人は知らないね」と判断されます。

ダンスの世界では、ドアから入ってきた瞬間に、きちんとした先生に習っている人か、自己流でやってきた人かがわかります。

歌舞伎と能は、世襲で受け継がれています。

子どもの時から稽古をしないと間に合わないからです。

脳と運動神経がやわらかな子どもの時に体に入れていくというのも理由の1つです。

50年かかるとしたら、子どもの時から始めないとおじいさんになってしまいます。

先祖代々受け継いでいる伝統芸能を親が子どもに受け渡すという作業はずっとしていかなければなりません。

始めるのが遅れると、それだけリレーの積み残しが発生します。

そういう教養は、ひと言話したり、一瞬見るだけで勝負がつきます。

それぐらい教養は一瞬で出てしまうのです。

徐々に教養がないことがわかられるよりも、むしろ気持ちいいです。

逆に、「ハイ、ないです」と、一瞬で判断されるのも潔いです。

バッターボックスに入った瞬間に「アウト」と言われているようなものです。

バッターボックスに入って「よろしくお願いします」と審判さんに挨拶した瞬間に、

「アウト」か「ホームラン」と言われるのが教養の世界です。

実際に動いてみたり、もう少し話してみないとわからないという世界ではないのです。

大人の教養を身につける具体例

40

教養のなさがバレていることに気づこう。

41

教養の話ができる知音《ちいん》を持つ。

「教養の話ができる知音《ちいん》を持ちましょう」と言った時に、「私、教養は自信あります。『知音』とは何ですか」と質問するのはおかしいです。

それを聞いた時点で、教養がないのです。

「知音、大切ですね」というやりとりができる教養のある人とは圧倒的な違いがあります。

「断琴《だんきん》の交わりだよ」と言われて、「あ、聞いたことありますね」と言う人も教養がありません。

教養は、「聞いたことがあるかないか」という話ではないのです。

知っているか、知らないかです。

春秋時代の中国に伯牙《はくが》という琴の名手がいました。

その親友で、伯牙の琴の音色の味わいがわかる鐘子期《しょうしき》がいました。

この鑑識眼のある友達が亡くなってしまい、伯牙は琴の弦を切って、一生、琴を弾くのをやめました。

この伯牙と鐘子期の故事に基づいて、親密な友情をあらわす「断琴の交わり」という言葉ができたのです。

京都の祇園祭には「伯牙山《はくがやま》」という山鉾があります。

これは伯牙と鐘子期の話を知らない人にはピンと来ません。

教養のある人は、教養のない人と話してもむなしくなるだけで楽しめないのです。

東京へ来た京都の人が、「社長さんと会ったら、その会社の売上げがどれだけ大きいとか、有名人は誰を知っているという話ばかりで、教養的な話が何も出てこなかった」と言って、ムッとしていました。

私は、その人に「これで次回から会う必要はなくなったから、心の中で『時間をもらっておきに』と言っておけばいいんだよ」とアドバイスしました。

どんなに稼いでいる大企業の社長で、偉い人であっても、教養の話ができないと、教養のある人からは「つまらない人」と思われます。

教養のない人は、お金をどんなに持っているか、人脈がどんなに広いかという話ばかりになります。

教養と人脈の話は真逆のところにあります。

芸術家の話が出てきても、一方的に「○○さんは仲よし」と言う人は、相手から「どなたでしたっけ」という状態になります。

知ったかぶりの話は、知らない人よりもっと下になるので、みっともないです。

知ったかぶりの知識で上げ底をしても、教養のある人には、その上げ底が見えてしまうのです。

大人の教養を身につける具体例

41

教養の話のない人と、次回、会わない。

42 教養を身につけたいなら、教養が身につく勉強と体験をすればいい。

教養を身につけたいと思ったら、勉強と体験の両方が必要です。

ただ美術館に行って、「見た」とか「わかった」ではダメなのです。

帰ってきたら、見てきたことをもう一回勉強します。

勉強すると、そのことが気になって、もう一回、美術館へ見に行きたくなります。

それを繰り返すことで教養が身につくのです。

そもそも1回見ただけではわからないのです。

教養が身につくための勉強と体験をしている人が、結果として教養のある人になります。

そこにお金と労力と精神力をかけていくのです。

教養を身につけるには、お金がかかります。

そのお金をケチったら、教養は身につきません。

お金で教養を身につけるか、お金を貯金でとっておくかの違いだけです。

貴族はキャッシュフローをほとんど持っていません。

土地があるだけです。

それでも食べているのは、圧倒的な教養を持っているからです。

貴族は昔からのしきたりを知っています。

その人がいなくなったら、しきたりがわからなくなります。

日本の戦国時代でも、昔からのしきたりを知っている人は殺されませんでした。

京都では、そういう人たちが代々しきたりを伝承しているのです。

大人の教養を身につける具体例

42 教養が身につく勉強と体験をしよう。

43

教養のある人が、一流だ。一流の人は、ジャンルを越えて学び合う。

「異業種の人の話は参考にならない」と言う人がいます。

そんなことは決してありません。

むしろ、違うジャンルの一流の人から話を聞くことによって、自分自身のジャンルの学びになります。

この勉強の仕方をしている人が教養のある人です。

最も勉強にならないのは、同じジャンルの二流の人の話を聞くことです。

一流と二流は、そもそも根本的に違うものです。

二流を極めたら、一流になるわけではないのです。

二流のしていることは技術です。力でなんとかしようとするのです。
それはフィジカル的な力のこともあれば、政治的な力のこともあれば、おカネ的な力のこともあります。

一流は、基本的なことを勉強しています。

会社のサービス研修で他業種の参考例を挙げると、「うちの業界の例を挙げてください」と言われることがあります。

その時点でタコつぼ化しています。

他業種の成功例でも、自分の業種で利用できることは必ずあります。

あらゆる世界で共通のものがあるのです。

これは日本人が比較的苦手なところです。太平洋戦争で負けたのも、それが原因です。

アメリカは、文化伝統的には日本より圧倒的に浅い国です。

にもかかわらず、キャッチアップする学習力が凄いのです。

たとえば、駐車場でクルマをとめる時に、日本では垂直に置きますが、アメリカでは斜めに置きます。

斜めに置くと、5台置けるところが4台しか置けなくなります。

シロウト考えでは、「バカじゃないの」ということになります。

アメリカ人は、ここで数学者を呼びます。

数学者が計算した結果、斜めに置いた方が1時間当たりに置ける台数が増えることがわかったのです。

スーパーマーケットの売上げは、駐車場に何台置けるかで決まります。

田舎に行くと、駐車待ちで大渋滞が起こっています。

斜めに置いて頭から突っ込むと、切り返しが少なくなります。

出す手間が減って、結果、1時間当たりの駐車台数は増えるのです。

置く瞬間だけ見ていても、答えにたどりつけません。

これを考えるのが数学者です。

数学者は、そんなことは一発で考えるのです。

これが太平洋戦争でも起こりました。

航空母艦に単位時間に飛行機がどれだけ発着できるかということで、アメリカは数学者を呼びました。

日本人は数学者に「シロウトは黙ってろ」と言ってしまいました。

この差です。軍人は戦争のプロですが、どれだけ発着するかに関しては、数学者の方が早く答えを出せるのです。

日本は数学者を生かせませんでした。

数学者に銃を持たせて走らせるのは、最低な使い方です。

自分と違うジャンルの一流に対して、リスペクトを持って、それをどんどん取り入れることが大切です。

アメリカとイギリスは、暗号解読のために数学者を呼びました。

そこからパソコンが生まれ、インターネットが生まれたのです。

大人の教養を身につける具体例

43

ジャンルの違う一流の人から学ぼう。

Chapter 5

教養とは、
日常のものに美を感じる心だ。

44

教養は、精神を登高《とうこう》させる。

「登高《とうこう》」とは、9月9日の「重陽の日《ちょうようのひ》」に山に登ることです。

つまり、ステージアップするということです。

教養が身につくと、人間はメンタル力が強くなります。

教養とメンタルは、一見、関係なさそうですが、教養のある人はメンタル力がアップしていくのです。

第一次世界大戦で、戦争に初めて飛行機が登場しました。

パイロットは、みんな貴族でした。

飛行機のような危険な乗り物に乗るには凄いメンタル力がいります。

大人の教養を身につける具体例

44

教養で、メンタル力をつけよう。

日本は根性でなんとかしようとします。
ヨーロッパは、根性のある人を使えばいいという発想です。
根性があるのは貴族です。
貴族は教養があるから、メンタリティーが高く、騎士道精神もあります。
潜水艦の艦長も、みんな貴族です。
いざという時に、教養があるとパニックにならないのです。
武士の時代から、軍人は教養を身につけていました。
メンタル力は、スポーツマンもビジネスマンも、あらゆる職業で必要です。
教養のある人は、ココ一番の時に動転しないメンタル力を持っているのです。

45

教養を身につけることで、自分自身を知ることができる。

私は大阪の堺で育ちました。

堺の特異性は、南蛮貿易をやるようなチャレンジ精神があることです。

外国から鉄砲が入ってきたら、職人が2年後には国産で同じ鉄砲をつくってしまうという匠の技もあります。

信長や秀吉が「言うことを聞け」と言っても、「自由にやらせて」という自由自治の根性があるのです。

これが堺のＤＮＡです。

それが私の中にもあるのです。

農耕が始まって、人類は移動生活をやめて定住生活に入りました。

その瞬間に、その土地土地のエネルギー・文化・風土が世代をまたいで受け継がれるようになって、それぞれの民族性が生まれたのです。

自分のＤＮＡは、教養的なことを勉強することによってわかってきます。

世界の中での日本人の独自性も、勉強していくとわかってくるのです。

たとえば、本には余白があります。

これは日本人の感覚です。

外国人は、ページをびっしり埋めます。

余白がある方が読みやすく、考える時間を与えてくれます。

余白に自分で何かを見出して、自問自答していけるのです。

余白の美が日本人の美です。

生け花とフラワーアレンジメントの違いも同じです。

フラワーアレンジメントは空間を埋めます。

生け花は空間をつくります。

「足し算」のフラワーアレンジメントと「引き算」の生け花とで分かれるのです。

自分の親や祖父母がどこで生まれて、職業は何をしていたかを調べていくと、その人たちの血が自分の中にも流れていることがわかります。

突然、水たまりから生まれたわけではないのです。

町のお祭りなども含めて、自分の住んでいる町の歴史を知ると同時に、自分の家系を探っていくことで、自分自身を知ることができるのです。

大人の教養を身につける具体例

45

歴史風土から受け継いでいるＤＮＡに気づこう。

46

「美しい」イコール「キレイ」ではない。

生け花は、枯れ枝も使います。
お花見の時は、葉桜も楽しんでいます。
水墨画には、枯れた枝にカラスがとまっています。
カラスは決してキレイな鳥ではありません。
クジャクの方がキレイです。
もっとキレイな鳥はたくさんいます。
黒一色のカラスは水墨画の一大モチーフです。
しかも、とまっているのは枯れ枝です。

それに100万円払って買うのです。
これが日本人の美意識です。
枯れていくことにも味わいがあるのです。
若冲の絵には、虫が食っている葉っぱが描かれています。
ツルンとしていると造花に見えます。
虫が食っている方がリアルです。
教養のある人は、ドロつきの野菜をわざわざ高いお金で買います。
そこに味わいが感じられるのです。
「なんでドロをつけているんだ。洗っとけ」と言う人は、教養がないのです。

大人の教養を身につける具体例 46

枯れた花にも、美を感じよう。

47

料理だけを学んでも、料理はできるが、作品はつくることができない。

日本に初めてグッチを紹介したのが、「サンモトヤマ」の茂登山長市郎さんです。

茂登山さんは、21歳の時に戦争で中国の天津に行きました。

天津は租界地なので、西欧の文物がたくさんあります。

それを見て感動して、「もし生きて帰ったら、西欧の文物を日本に紹介する店を始めよう」と決めたのです。

日本へ帰ってきた茂登山さんは、まず、雑貨から始めました。

親が新聞社の仕事をしていた関係で出入りしていたカメラマンに、「海外に行ったら、買い物をする前に、とにかく教会と美術館に行け」と言われたそうです。

中世まで、教会が美術館でした。

日本で、お寺が美術館の役割を果たしていたのと同じです。

昔は美術館がなかったので、ヨーロッパではすべての美術品は教会に置かれていました。

パトロンは、教会です。

美術館をつくったのは貴族の子弟です。

フィレンツェでは、ハプスブルク家の子弟がウフィツィ美術館をつくりました。

そういうところに行くことで、いいモノを見る目が養えるのです。

モノの価値は、値段とかブランドではわかりません。

大切なのは、揺るぎのない鑑識眼を持つことです。

そのために、教会とか美術館に行って、一流のアートを見ておくのです。

教会にはニセモノのアートはありません。

ホンモノを置かないと信者さんが増えないからです。

教会には一流の美術品・芸術品が置かれています。

文字を読めない、書けない人にその宗教の凄さを知らしめるには、ビジュアルで見せるしかないからです。

教会は視角芸術の極致です。

音響も凄いのです。

人々に「これはきっと凄いものに違いない」と思わせることで、キリスト教が普及していったのです。

作品をつくるには一流の文物を見ることが大切です。

湯布院では、湯布院でイタリア料理をつくってもらうために、湯布院の若者を湯布院のお金でイタリアに留学させました。

その時に「料理なんか覚えなくていいから、美術館をまわってこい」と言ったのです。

イタリアの美術を見て、イタリアの風景を見て、イタリアの音楽を聞くことが、イタリア料理の勉強です。

イタリア料理を学んだだけでは、イタリア料理は作品になりません。
ただの料理で終わってしまうのです。

大人の教養を身につける具体例

47

イタリア料理を味わうには、教会に行こう。

48

教養とは、見えないものを感じることだ。

情報化社会では、見えるものが大切です。

見えないものには価値がないのです。

これが工業化社会であり、情報化社会です。

教養社会は「見えないもの」を重視します。

20世紀は工業化社会で、見えるものが優先していました。

やがて見えるものがすべて行きわたると、見えるものでは差がつかなくなります。

産業革命より前の「見えないものが世の中を決めていた時代」に、どんどん戻っているのです。

目に見えるものが優先したのは、産業革命が起きた18世紀後半から19世紀、20世紀というごくごく限られた200年の特殊な時代です。

その時代が終わり、再び目に見えないものが上位にある時代になったのです。

その中で大切になるのが教養です。

日本人は、見えないものをちゃんと見ることができる民族でした。

たとえば、『新古今和歌集』にある「み渡せば花ももみぢもなかりけり　浦の苫屋の秋の夕ぐれ」という和歌は、トリッキーです。

時系列で「み渡せば花ももみぢも」と言った瞬間に、聞いた人は花や紅葉を思い浮かべます。

ところが、次に「なかりけり」と言うのです。

「今、思い浮かべた私はどうしてくれるの」「もう発注してしまいましたよ」という話になります。

注文なら怒ります。

「伊勢海老とアワビ……は要らない」と言っているのと同じです。

一瞬思い浮かべたものを「ない」と言うことで、その空間の何もなさを感じるのです。

それが日本の美意識であり、教養です。

和歌はポエムではありません。

神の言葉です。

見えないもので人の心を動かすのです。

何もないのに、わかるし、しみじみせつないし、キュンとするのです。

これは神様の魔術です。

和歌はお経と同じで、ありがたい言葉です。

和歌の伝承は貴族の家にのみ許されたことでした。

それがやがて庶民が味わう「俳諧」に変わっていきました。

和歌にはまだ「神様のもの」という味わいがあります。

『万葉集』『古今集』『新古今和歌集』は、公家がずっと受け継いできました。

その言葉の解釈は、たった1人が口伝で伝承しています。
その人が死ぬわけにはいかないのです。

大人の教養を身につける具体例

48

言葉にできないものを、味わおう。

49

美的感動は、神を感じることだ。教養を身につけると、信心深くなる。

感動とは、神様を感じることです。

見えるものが「人間世界」だとしたら、見えないものが「神様」です。

人間は、神様を感じた時に謙虚になるのです。

私の家では、母方が神社の仕事、父方が商売をしていました。

商売は運が関係するので、どうしても信心深くなります。

両親が信心深かったので、子どもを叱る時にも「神様が見てはるで」と強迫するのです。

「お化けに噛ませるぞ」と言うよりは、「神様が見ている」と言う方が、よっぽど怖いです。

その時点で、その子どもは謙虚になるのです。

教養を身につければ身につけるほど、人間は謙虚になります。

教養がなくなると傲慢になります。

本来は勉強して教養を身につけたら威張っていいのに、腰が低くなるのです。

王様が穏やかなのは教養があるからです。

神社やお寺は教養の集積場所でした。

だから、寺子屋は寺なのです。

寺子屋では『四書五経』を教えていました。

素読《そどく》は、それを声に出して読んで勉強するのです。

松下村塾でもそうしていました。

明治になって開国すると、日本は外国の植民地にならずに、あっと言う間に世界にキャッチアップしました。

それは教養が集積していたからです。

大人の教養を身につける具体例

49

教養で、謙虚になろう。

江戸時代から明治時代になった時に、小学校はすでに2万校できていました。

そんなに短期間に小学校ができたのは、寺子屋を小学校に変えるだけだったからです。

ということは、寺子屋がそれだけあったということです。

お寺には、教養を教えることのできるお坊さんたちがいました。

子どもの名前をつけるのは、大体お坊さんか神主さんです。

今の世代でも、お坊さんとか神主さんに名前をつけてもらった人はたくさんいるのです。

50

美は、戦いをとめる。美しい鎧《よろい》に、刀をおろせない。

美術館に行くと、鎧が展示されています。
その中に白い鎧があります。
本来、鎧は身を守るものです。
白い鎧は目立ちすぎます。
鎧は防弾チョッキではありません。
鎧を見た時に、相手はその美しさに刀をおろせなくなります。
美しいものを見た時に、人間はその前にひれ伏すのです。
伊達政宗の鎧には長い飾りがついています。

あれはかなり邪魔です。

本人も気づいています。

利き腕側は少し短くなっているのです。

反対側は長いので、ナイキのロゴのような形になっています。

あれは刀を振り下ろす時に邪魔だからです。

邪魔だということを自分で白状したようなものです。

邪魔な飾りに力を入れるのは、美が身を守るからです。

美の前に、人は戦いをやめるのです。

私の大学時代の恩師、故・西江雅之先生はアフリカのフィールドワークが得意でした。

アフリカでは、酋長が出てくると戦いは終わります。

酋長はキレイな格好をしています。

「戦い」よりも、「美」が上位概念にあるのです。

戦国時代が終わって江戸時代になると、諸大名は美を競い合うようになりました。

今日の日本に残っている庭園のほとんどは、大名庭園です。

「うちの庭の方が凄いぞ」と、競い合っていたのです。

明治時代になって、それが公共の庭園になったのです。

江戸時代と平安時代はよく似ています。

美を競い合う時代は、戦の時代よりも上位にあります。

年収とか、どれだけお金を持っているかよりも、どれだけ教養を持っているかで勝負がつくのです。

大人の教養を身につける具体例

50 教養で、競争をやめよう。

51 教養とは、日常のものに美を感じる心だ。

教養と言うと、美術館・博物館・お寺・神社など、凄いところにあるように感じます。

教養は、日常の中にあるのです。

たとえば、ちょっとした接待で行った料亭に、掛軸がかかっていました。女将さんに「きょうはこちらにお部屋をご用意させていただきました」と言われます。

その時に、「ああ、いい部屋ですね」と言って、上着を脱いで渡して、「とりあえずナマ」と言う人は、「教養がない人だな」と思われます。

教養のある人は、まず、「お軸を拝見します」と言って、掛軸の前に正座します。

そして、お軸について女将さんとやりとりをします。

お軸が巻物の形になっているのは、ストックが膨大にあるということです。

女将さんは、今日の趣向を表現するために、季節とお客様に合わせてお軸を選びます。


同じものは2回出しません。

西洋画のように、ずっとかけっぱなしではないのです。

お軸の前に生け花があります。

そこにもテーマがあります。

せっかくのテーマを味わわないで、いきなり「生ビール」と言われたら、「こんな野暮なお客はトイレの横の部屋でいいや」「布団部屋でもいいや」と思われるのです。


6月に湯布院の玉の湯に行くと、近くの山でとってきたばかりのニッコウキスゲの枝を折った箸置きが置かれていました。

それを見るだけで、「そんな季節ですね」とわかります。これを覚えていると、久しぶりに来た時に「前に来た時はニッコウキスゲの6月でしたね」という話ができるのです。

そういうことを味わえるのが教養です。

美しいものを見るのではなく、「美しさを感じる心」を持つことが大切です。美しさを感じる心が、教養です。

「何か美しいものはないか」と探すことではないのです。

私は、父親に「写生の時は気持ちのいいところに座って、そこを描け」と教えられました。

キレイな景色はどこにでもあります。

絵心のない人は、絵葉書的なところへ行って、五重塔とか、みんなが描く有名な島とか町を描いてしまいがちです。

すべての景色に美しさがあるのです。

勝負は、美しいものがあるかどうかではありません。
見る者に美しさを感じる心があるかどうかです。
私たちは日常生活の中で美に囲まれて生きているのです。

大人の教養を身につける具体例

51

すべてのものに、美を感じよう。

52

自然と作品と人がつながっている。

「天地人」という言葉があります。

「天」は、自然であり、宇宙です。

「地」は、地にあふれるあらゆる作品です。

「人」は、それをつくった人です。

教養は「天地人」から学びます。

「天地人」の中に教養があるのです。

たとえば、旅館や料亭にユリの一輪挿しが置かれていました。

それを見て、「そんな季節なんだ」ということが、まずわかります。

一輪挿しを挿した人は、花の角度とか茎の長さを考えて、1本だけ挿してくれたのです。

一輪挿しの器をつくった人がいて、それを選んだ人がいます。

ユリの花の下には、花粉がまったく落ちていません。

ユリの花粉がつくと、クリーニングでも取れないのです。

お客様がぶつかっても花粉が落ちないように、おしべを取ってあるのです。

1つの作品に多くの人がかかわって、いろいろな思いが込められています。

それを感じられるかどうかです。

湯布院でニッコウキスゲの箸置きが置いてあったら、誰かが山に登ったことがわかります。

ニッコウキスゲは、そこら辺にないものです。

誰かがわざわざ取りに行ってくれたのです。

そこに思いをはせることができるかどうかです。

気づかなければ、それで終わりです。

宿の人は、一々「その箸置きは山で取ってきました」とは言いません。
すべてを解説しないのが教養です。
わからない人に対しては、二度とそういう気づかいはしません。
「野暮天には１００均で買ってきた箸置きで十分」ということになるのです。

大人の教養を身につける具体例

52

一輪挿しの花を飾った人と出会おう。

53

エピローグ

教養とは、「生きてて良かった」を感じる瞬間だ。その時、神様といる。

たとえば、接待がうまくいかなかったり、商売が決裂した時に、入ったトイレに一輪挿しが置かれていました。

その時に「美しい」と感じます。

「美しい」を言葉に置きかえると、「生きててよかった」ということです。

ただ汚れていないことが美しいのではありません。

「生きててよかった」と思う時に、「頑張ろう」とか「愛されている」という気持ちが湧いてきます。

「誰かが自分のために何かをしてくれている」
「自分のことを考えてくれている人がいる」
「こうやって一生懸命やっている人もいる」
ということが、すべてわかってきます。

それを「神様」と感じるのです。

私は学生時代、夜中にラジオを聞きながら、眠いのをガマンして頑張って勉強していました。

明け方になると牛乳配達の人が来て、ガタガタガタとビンがこすれる音がします。

その時に「こんな時間に働いている人がいる」と思います。

あの「ガタガタガタ」を聞かせてくれたのは、ご先祖様であり、神様だなと感じるから、「頑張ろう」という気持ちになるのです。

鈴虫が鳴いているのも、神様が聞かせてくれています。

鈴虫に風情を感じるのは、日本人にしかない感性であり、美意識です。

外国人には、うるさいだけです。

松尾芭蕉の「静けさや　岩にしみ入る　蟬の声」という俳句は、外国人にはわけがわかりません。

「セミがワンワン鳴いていて何が静かなんだ。ホワイ？　ジャパニーズ」という感覚なのです。

ファーブルは、フンコロガシをずっと見つめているような昆虫大好き人間です。

そのファーブルですら、「セミがうるさい」と言っています。

ファーブルの凄さは、うるさいからとセミを避けるのではなく、そこからセミを研究したことです。

日本人は、そのセミの鳴き声に静けさを感じます。

「静けさや　岩にしみ入る　蟬の声」では、セミの声が、あのかたい岩の中にしみ込んでいく情景が浮かびます。

五・七・五のたった17文字で、セミが鳴いている雄大な情景が伝わるのです。

心の中では、セミの鳴き声が聞こえています。

そのセミは、ユーチューブで見たセミではありません。

子どもの時に、家族旅行で行ったどこかの山の中のセミだったり、セミ取りに行った時の思い出です。

あの17文字を見ただけで、今は鳴いていないセミが鮮やかによみがえるのです。

その時に「仕事はうまくいかなかったけど、オレは生きている。明日も頑張ろう」と思えるのです。

豆腐屋の「パーフー」という笛の音を聞くと、なんとなくしみじみします。

あれは西洋音階ではなく、雅楽の音程です。

チャルメラを聞くだけで、「今日も遅くまで頑張っているな」という気持ちになります。

すべて五感を通して神を感じることができるのです。

これが教養です。

教養を身につけることで、もうひと踏ん張りする元気が湧いてくるのです。

大人の教養を身につける具体例

53 教養で、生きる希望を持とう。

中谷彰宏主な作品一覧

『状況は、自分が思うほど悪くない。』(リンデン舎)
『一流のストレス』(海竜社)
『成功する人は、教わり方が違う。』(河出書房新社)
『名前を聞く前に、キスをしよう。』(ミライカナイブックス)
『なぜかモテる人がしている42のこと』(イースト・プレス　文庫ぎんが堂)
『人は誰でも講師になれる』(日本経済新聞出版社)
『会社で自由に生きる法』(日本経済新聞出版社)
『全力で、1ミリ進もう。』(文芸社文庫)
『「気がきくね」と言われる人のシンプルな法則』(総合法令出版)
『なぜあの人は強いのか』(講談社+α文庫)
『大人になってからもう一度受けたい コミュニケーションの授業』(アクセス・パブリッシング)
『運とチャンスは「アウェイ」にある』(ファーストプレス)
『大人の教科書』(きこ書房)
『モテるオヤジの作法2』(ぜんにち出版)
『かわいげのある女』(ぜんにち出版)
『壁に当たるのは気モチイイ　人生もエッチも』(サンクチュアリ出版)
書画集『会う人みんな神さま』(DHC)
ポストカード『会う人みんな神さま』(DHC)
『サクセス&ハッピーになる50の方法』(阪急コミュニケーションズ)

【面接の達人】(ダイヤモンド社)
『面接の達人　バイブル版』

『ファーストクラスに乗る人の教育』
『ファーストクラスに乗る人の勉強』
『ファーストクラスに乗る人のお金』
『ファーストクラスに乗る人のノート』
『ギリギリセーーフ』

【ぱる出版】
『粋な人、野暮な人。』
『品のある稼ぎ方・使い方』
『察する人、間の悪い人。』
『選ばれる人、選ばれない人。』
『一流のウソは、人を幸せにする。』
『セクシーな男、男前な女。』
『運のある人、運のない人』
『器の大きい人、器の小さい人』
『品のある人、品のない人』

【リベラル社】
『50代がもっともっと楽しくなる方法』
『40代がもっと楽しくなる方法』
『30代が楽しくなる方法』
『チャンスをつかむ　超会話術』
『自分を変える　超時間術』
『一流の話し方』
『一流のお金の生み出し方』
『一流の思考の作り方』

【秀和システム】
『人とは違う生き方をしよう。』
『なぜ　あの人はいつも若いのか。』
『楽しく食べる人は、一流になる。』
『一流の人は、〇〇しない。』
『ホテルで朝食を食べる人は、うまくいく。』
『なぜいい女は「大人の男」とつきあうのか。』
『服を変えると、人生が変わる。』

【日本実業出版社】
『出会いに恵まれる女性がしている63のこと』
『凛とした女性がしている63のこと』
『一流の人が言わない50のこと』
『一流の男　一流の風格』

【主婦の友社】
『輝く女性に贈る　中谷彰宏の運がよくなる言葉』
『輝く女性に贈る　中谷彰宏の魔法の言葉』

【水王舎】
『「人脈」を「お金」にかえる勉強』
『「学び」を「お金」にかえる勉強』

【毎日新聞出版】
『あなたのまわりに「いいこと」が起きる70の言葉』
『なぜあの人は心が折れないのか』

【大和出版】
『「しつこい女」になろう。』
『「ずうずうしい女」になろう。』
『「欲張りな女」になろう。』
『一流の準備力』

【すばる舎リンケージ】
『好かれる人が無意識にしている言葉の選び方』
『好かれる人が無意識にしている気の使い方』

【ベストセラーズ】
『一歩踏み出す５つの考え方』
『一流の人のさりげない気づかい』

『１秒で刺さる書き方』(ユサブル)
『なぜあの人には「大人の色気」があるのか』(現代書林)
『昨日より強い自分を引き出す61の方法』(海竜社)

中谷彰宏主な作品一覧

『答えは、自分の中にある。』
『思い出した夢は、実現する。』
『面白くなければカッコよくない』
『たった一言で生まれ変わる』
『スピード自己実現』
『スピード開運術』
『20代自分らしく生きる45の方法』
『大人になる前にしなければならない50のこと』
『会社で教えてくれない50のこと』
『大学時代しなければならない50のこと』
『あなたに起こることはすべて正しい』

【PHP研究所】
『なぜあの人は、しなやかで強いのか』
『メンタルが強くなる60のルーティン』
『なぜランチタイムに本を読む人は、成功するのか。』
『中学時代にガンバれる40の言葉』
『中学時代がハッピーになる30のこと』
『14歳からの人生哲学』
『受験生すぐにできる50のこと』
『高校受験すぐにできる40のこと』
『ほんのささいなことに、恋の幸せがある。』
『高校時代にしておく50のこと』
『中学時代にしておく50のこと』

【PHP文庫】
『もう一度会いたくなる人の話し方』
『お金持ちは、お札の向きがそろっている。』
『たった3分で愛される人になる』
『自分で考える人が成功する』

【だいわ文庫】
『いい女のしぐさ』
『美人は、片づけから。』
『いい女の話し方』
『「つらいな」と思ったとき読む本』
『27歳からのいい女養成講座』
『なぜか「HAPPY」な女性の習慣』
『なぜか「美人」に見える女性の習慣』
『いい女の教科書』
『いい女恋愛塾』
『やさしいだけの男と、別れよう。』
『「女を楽しませる」ことが男の最高の仕事。』
『いい女練習帳』
『男は女で修行する。』

【学研プラス】
『美人力』(ハンディ版)
『嫌いな自分は、捨てなくていい。』

【あさ出版】
『孤独が人生を豊かにする』
『「いつまでもクヨクヨしたくない」とき読む本』
『「イライラしてるな」と思ったとき読む本』

【きずな出版】
『「理不尽」が多い人ほど、強くなる。』
『グズグズしない人の61の習慣』
『イライラしない人の63の習慣』
『悩まない人の63の習慣』
『いい女は「涙を背に流し、微笑みを抱く男」とつきあう。』
『ファーストクラスに乗る人の自己投資』
『いい女は「紳士」とつきあう。』
『ファーストクラスに乗る人の発想』
『いい女は「言いなりになりたい男」とつきあう。』
『ファーストクラスに乗る人の人間関係』
『いい女は「変身させてくれる男」とつきあう。』
『ファーストクラスに乗る人の人脈』
『ファーストクラスに乗る人のお金2』
『ファーストクラスに乗る人の仕事』

『もう一度会いたくなる人の聞く力』
『【図解】仕事ができる人の時間の使い方』
『仕事の極め方』
『【図解】「できる人」のスピード整理術』
『【図解】「できる人」の時間活用ノート』

【PHP文庫】
『入社３年目までに勝負がつく77の法則』

【オータパブリケイションズ】
『レストラン王になろう２』
『改革王になろう』
『サービス王になろう２』

【あさ出版】
『気まずくならない雑談力』
『なぜあの人は会話がつづくのか』

【学研プラス】
『頑張らない人は、うまくいく。』
文庫『見た目を磨く人は、うまくいく。』
『セクシーな人は、うまくいく。』
文庫『片づけられる人は、うまくいく。』
『なぜ　あの人は２時間早く帰れるのか』
『チャンスをつかむプレゼン塾』
文庫『怒らない人は、うまくいく。』
『迷わない人は、うまくいく。』
文庫『すぐやる人は、うまくいく。』
『シンプルな人は、うまくいく。』
『見た目を磨く人は、うまくいく。』
『会話力のある人は、うまくいく。』
『ブレない人は、うまくいく。』

【リベラル社】
『問題解決のコツ』
『リーダーの技術』

『速いミスは、許される。』（リンデン舎）
『歩くスピードを上げると、頭の回転は速くなる。』（大和出版）
『結果を出す人の話し方』（水王舎）
『一流のナンバー２』（毎日新聞出版）
『なぜ、あの人は「本番」に強いのか』（ぱる出版）
『「お金持ち」の時間術』（二見書房・二見レインボー文庫）
『仕事は、最高に楽しい。』（第三文明社）
『「反射力」早く失敗してうまくいく人の習慣』（日本経済新聞出版社）
『伝説のホストに学ぶ82の成功法則』（総合法令出版）
『リーダーの条件』（ぜんにち出版）
『転職先はわたしの会社』（サンクチュアリ出版）
『あと「ひとこと」の英会話』（DHC）

恋愛論・人生論

【ダイヤモンド社】
『なぜあの人は感情的にならないのか』
『なぜあの人は逆境に強いのか』
『25歳までにしなければならない59のこと』
『大人のマナー』
『あなたが「あなた」を超えるとき』
『中谷彰宏金言集』
『「キレない力」を作る50の方法』
『30代で出会わなければならない50人』
『20代で出会わなければならない50人』
『あせらず、止まらず、退かず。』
『明日がワクワクする50の方法』
『なぜあの人は10歳若く見えるのか』
『成功体質になる50の方法』
『運のいい人に好かれる50の方法』
『本番力を高める57の方法』
『運が開ける勉強法』
『ラスト３分に強くなる50の方法』

中谷彰宏主な作品一覧

ビジネス

【ダイヤモンド社】
『50代でしなければならない55のこと』
『なぜあの人の話は楽しいのか』
『なぜあの人はすぐやるのか』
『なぜあの人の話に納得してしまうのか[新版]』
『なぜあの人は勉強が続くのか』
『なぜあの人は仕事ができるのか』
『なぜあの人は整理がうまいのか』
『なぜあの人はいつもやる気があるのか』
『なぜあのリーダーに人はついていくのか』
『なぜあの人は人前で話すのがうまいのか』
『プラス1%の企画力』
『こんな上司に叱られたい。』
『フォローの達人』
『女性に尊敬されるリーダーが、成功する。』
『就活時代しなければならない50のこと』
『お客様を育てるサービス』
『あの人の下なら、「やる気」が出る。』
『なくてはならない人になる』
『人のために何ができるか』
『キャパのある人が、成功する。』
『時間をプレゼントする人が、成功する。』
『ターニングポイントに立つ君に』
『空気を読める人が、成功する。』
『整理力を高める50の方法』
『迷いを断ち切る50の方法』
『初対面で好かれる60の話し方』
『運が開ける接客術』
『バランス力のある人が、成功する。』
『逆転力を高める50の方法』
『最初の3年その他大勢から抜け出す50の方法』
『ドタン場に強くなる50の方法』
『アイデアが止まらなくなる50の方法』
『メンタル力で逆転する50の方法』
『自分力を高めるヒント』
『なぜあの人はストレスに強いのか』
『スピード問題解決』
『スピード危機管理』
『一流の勉強術』
『スピード意識改革』
『お客様のファンになろう』
『なぜあの人は問題解決がうまいのか』
『しびれるサービス』
『大人のスピード説得術』
『お客様に学ぶサービス勉強法』
『大人のスピード仕事術』
『スピード人脈術』
『スピードサービス』
『スピード成功の方程式』
『スピードリーダーシップ』
『出会いにひとつのムダもない』
『お客様がお客様を連れて来る』
『お客様にしなければならない50のこと』
『30代でしなければならない50のこと』
『20代でしなければならない50のこと』
『なぜあの人は気がきくのか』
『なぜあの人はお客さんに好かれるのか』
『なぜあの人は時間を創り出せるのか』
『なぜあの人は運が強いのか』
『なぜあの人はプレッシャーに強いのか』

【ファーストプレス】
『「超一流」の会話術』
『「超一流」の分析力』
『「超一流」の構想術』
『「超一流」の整理術』
『「超一流」の時間術』
『「超一流」の行動術』
『「超一流」の勉強法』
『「超一流」の仕事術』

【PHP研究所】

「本の感想など、どんなことでも、
あなたからのお手紙をお待ちしております。
僕は、本気で読みます。」

中谷彰宏

〒160-0023　東京都新宿区西新宿6-15-1 ラ・トゥール新宿511
水王舎気付　中谷彰宏行
※食品、現金、切手などの同封は、ご遠慮ください（編集部）

中谷彰宏は、盲導犬育成事業に賛同し、この本の印税の一部を（公財）日本盲導犬協会に寄付しています。

【著者略歴】
中谷彰宏（なかたに・あきひろ）
1959年、大阪府生まれ。早稲田大学第一文学部演劇科卒業。84年、博報堂に入社。CMプランナーとして、テレビ、ラジオCMの企画、演出をする。91年、独立し、株式会社中谷彰宏事務所を設立。ビジネス書から恋愛エッセイ、小説まで、多岐にわたるジャンルで、数多くのロングセラー、ベストセラーを送り出す。「中谷塾」を主宰し、全国で講演・ワークショップ活動を行っている。
■公式サイト　http://www.an-web.com/

なぜあの人は「教養」があるのか。

2018年7月20日　第一刷発行

著　者	中谷彰宏
発行人	出口 汪
発行所	株式会社 水王舎
	〒160-0023
	東京都新宿区西新宿6-15-1 ラ・トゥール新宿511
	電話　03-5909-8920
本文印刷	慶昌堂印刷
カバー印刷	歩プロセス
製本	ナショナル製本
ブックデザイン	井上祥邦
編集協力	土田修
編集統括	瀬戸起彦（水王舎）

ISBN978-4-86470-104-4 C0095

中谷彰宏の本

「学び」を「お金」にかえる勉強

中谷彰宏・著

学び方を学ぶ人が、稼ぐ。

稼げるようになる53の具体例

学校では教えてくれない本当の「学び」のヒントが詰まった一冊。年収１億円以上稼ぐ人の考え方が理解でき、ミリオネアに近づくことができる！

定価（本体1300円＋税） ISBN 978-4-86470-029-0

「人脈」を「お金」にかえる勉強

中谷彰宏・著

一度に大勢と会うよりも、１人ずつ会おう。

人生のステージがアップする52の具体例

昼休みにさっさとランチを済ませてしまう人、仕事でメモを取らない人は実はチャンスを逃している！　出会いをそのままで終わらせない、ミリオネアの「稼げる人間関係」とは!?

定価（本体1300円＋税） ISBN 978-4-86470-037-5

結果を出す人の話し方

中谷彰宏・著

断る時は、ひと言で言おう。

あの人を巻きこむ53の具体例

「初対面なのに気がついたら長話になっていた」という人がチャンスをつかむ！　社会で結果を出すために必要な能力とは。

定価（本体1300円＋税） ISBN 978-4-86470-061-0